智·库·丛·书
(2022年)

成渝地区数字产业的发展定位与协同布局

CHENGYU DIQU SHUZI CHANYE DE
FAZHAN DINGWEI YU XIETONG BUJU

何伟 吕静文 仇泸毅 等 著

西南大学出版社

图书在版编目(CIP)数据

成渝地区数字产业的发展定位与协同布局 / 何伟等著. -- 重庆：西南大学出版社, 2022.11
（智库丛书. 2022年）
ISBN 978-7-5697-1670-2

Ⅰ.①成… Ⅱ.①何… Ⅲ.①数字技术—应用—区域产业结构—产业结构优化—研究—成都、重庆 Ⅳ.①F269.271

中国版本图书馆CIP数据核字（2022）第195870号

成渝地区数字产业的发展定位与协同布局

何伟　吕静文　仇泸毅　等　著

责任编辑：	畅　洁
责任校对：	周　杰
封面设计：	尚品视觉 CASTALY
排　　版：	吕书田
出版发行：	西南大学出版社（原西南师范大学出版社）
	地址：重庆市北碚区天生路2号
	邮编：400715
印　　刷：	重庆市正前方彩色印刷有限公司
幅面尺寸：	170 mm×240 mm
印　　张：	17.25
插　　页：	2
字　　数：	240千字
版　　次：	2022年11月　第1版
印　　次：	2022年11月　第1次
书　　号：	ISBN 978-7-5697-1670-2
定　　价：	65.00元

2022年智库丛书编审组成员

编审组组长：童小平

主　编　审：吴家农

编审组副组长：严晓光　刘嗣方　米本家　易小光

编审委员：黄朝永　马明媛　王明瑛　欧阳林
　　　　　张　波　蔡　焘　李　敬　丁　瑶
　　　　　周林军　童昌蓉　江成山　孙凌宇
　　　　　何靖波

前言
PREFACE

当前,百年变局与世纪疫情交织叠加,新一轮科技革命和产业变革加速演进,数字经济正在成为重组全球要素资源、重塑全球经济结构、改变全球竞争格局的关键力量。世界主要经济体都在抢先布局数字经济,全球竞争格局正在深刻演化。习近平总书记高度重视数字经济发展,《中华人民共和国国民经济和社会发展第十四个五年规划和2035年远景目标纲要》明确提出了"打造数字经济新优势"的战略任务,各地区各部门相继出台了相关实施方案和行动计划。

成渝地区双城经济圈作为我国西部陆海新通道的起点、"一带一路"和长江经济带的重要联结点,在培育西部地区高质量发展重要增长极、打造内陆开放战略高地和参与国际竞争新基地、推动形成陆海内外联动和东西双向互动对外开放新格局中具有重要作用。2020年1月起,党中央、国务院相继做出了一系列推动"成渝地区双城经济圈"建设的战略部署,"成渝地区双城经济圈"建设上升为国家战略。

成渝地区作为首批"国家数字经济创新发展试验区",数字产业独具特色和优势。然而,成渝地区分属两个省域单位,有着各自的利益驱动和目标动机。因此,从理论层面、实践层面、道义层面明确成渝地区数字产业的总体定位和比较优势,提出具有说服力的成渝地区数字产业各自发展的侧重点,真正实现差异发展、特色发展、联动发展、共赢发展,对于落实《成渝地区双城经济圈建设规划纲要》、联手打造具有国际竞争力的电子信息产业集群具有重要意义。

本书的基本内容和主要观点如下:

第一,成渝两地数字产业协同发展的障碍研究。一是成渝两地数字产业的同质化问题比较严重。川渝之间的出口产品相似度高达95%,而长三角内部相似度最高的江苏与上海只有78%,其他省份之间的相似度更低。根据产业同构系数测算显示,重庆、成都两极核城市以及环经济圈的产业同构系数在0.90以上,其中,成渝两极核城市的产业同构系数高达0.99。从成都市"十三五"规划的先进制造业产业体系和重庆市"十三五"规划的工业化产业体系中,可以看到,成渝两地仅在航空航天、物联网、页岩气、印染等产业布局上稍有区别;在支柱产业,如电子信息产业、装备制造业、先进材料业等领域,同质化现象较为突出。在成渝两地"十四五"数字经济发展规划中,成渝两地在集成电路、新型显示、智能终端、新一代信息技术等细分领域布局上也存在同质化现象。同时,成渝两地数字产业园区定位的同质化现象也比较严重。二是成渝中间地带欠发达,数字红利未充分释放。2020年,重庆和成都的GDP分别达到2.5万亿元和1.77万亿元,而处于成渝中部地带的遂宁、资阳、内江、大足、永川、璧山、铜梁、荣昌、潼南9个区市的GDP合计仅为0.8万亿元,"双核独大"导致"中部塌陷"的格局较为明显。地区发展不平衡、不充分问题使得相对欠发达地区产业数字化转型基础薄弱,阻碍了数字红利的进一步释放。三是市场力量推动成渝数字产业的协作动力不足。由于行政区划障碍，成渝地区数据要素安全评估等方面还没有完善相关程序，同时也没有明确的细则落地，数据跨区域流动在实践中尚难进行，跨行业、跨企业数据互联互通存在短板和壁垒；缺乏数字信息共享平台、数字交易平台，阻碍了两地数字企业的需求对接和合作进展；尚未形成完整的数字生态体系，数字产业"断链""少链"问题仍然存在；成本分担机制和利益保障机制不完善，阻碍了企业的合作动力。四是成渝数字产业协同发展的政策体系还不健全。在大数据、云计算、人工智能、5G等新一代信息技术驱动下，数据的传输、共享等易于实现，然而数据关联聚合带来的数据确权问题、隐私保护问题、数据监管问题等，成为成渝两地数字产业深化合作的现实障碍。目前，成渝两地已建立了不少数字产业分工与布局的项目规划和合作方案，但要真正落地见效，还需要进一步完善具有强制执行力的政策体系、协调机制和管理机构。

第二，成渝两地数字产业协同布局的原则研究。一是尊重核心利益的原则。区域利益是一切区域经济行为产生与发展的基础，重庆、成都都有发展数字经济的强烈意愿和比较优势，有着各自发展的规划愿景与核心诉求。成渝地区数字产业的协同布局要尊重彼此的发展诉求，发现彼此核心利益的交集，寻求彼此都能接受的协同布局方案。二是实现错位发展的原则。充分挖掘成渝两地数字产业的比较优势，如重庆"产业数字化"需求、丰富工业产业门类、得天独厚地理区位的比较优势等，成都"数字产业化"需求、人才资源丰富、科技创新支撑能力持续进阶的比较优势等，提出具有说服力的、普遍接受的各自布局定位和发展特色,为成渝地区数字产业的错位发展、互补发展、共赢发展提供理论、实践、道义上的支撑。三是形成补链成群的原则。以支柱产业为载体,坚持软件和硬件并重,开展跨区域的研发、制造、服务、消费等全方位合作和互补,注重产业配套链、要素供应链、产品价值链、技术创新链的"四链"融合,特别注重成渝地区数字产业的"补链成群",着力形成具有全面影响力的成渝地区数字产业"生态群落"。四是合理分担成本的原则。厘清政府、企业、社会、个人的需要和诉求,探索合理的成本分担机制、利益分享机制和利益补偿机制,全面调动各方面的主动性、积极性和创造性,着力形成成渝地区数字产业发展成本共担、发展利益共享的区域"共同体"。五是注重产业安全的原则。强化数字关键基础设施防护,重视数据保护标准化建设,特别注重数字产业发展的自主可控、安全高效,从法律层面、规则层面、技术层面构筑数字产业安全发展的"立体防护墙"。六是规避恶性竞争的原则。深化成渝地区公平竞争审查协作,维护公平竞争市场环境,破除地区封锁和行政壁垒,推动区域性数字化基础设施、公共数据资源、公共服务平台的共建共享,打造数字产业开放合作"共赢圈"。

第三,成渝地区数字产业协同布局的路径研究。一是明确成渝地区数字经济发展的总体定位。对接《成渝地区双城经济圈建设规划纲要》《全国一体化大数据中心协同创新体系算力枢纽实施方案》等总体定位和总体目标,联手打造具有国际竞争力的电子信息产业集群和先进装备制造产业集群;强化数字新基建的共建共享,构建全国领先的"5G+工业互联网"生态,建设全国一体化算力网络国家枢纽节点；探索数字经济和实体经济融合新路径，共建数字经济新高地；提升政府治理数字化水平，探索超大城市群智慧治理新范式；强化数字经济国际合作，打造国际交流合作新高地。二是形成成渝各自发展定位与核心诉求共识。重庆作为我国六大老工业基地之一，制造业基础雄厚、工业行业门类齐全、产业体系较为完备，重庆数字产业的发展定位是"打造先进制造产业集群、建设现代物流产业集群、推动信息服务业产业集群"，重庆数字产业的发展需求是"关键数字技术基础研发需求、产业数字化补链强链需求、数据资源安全共享需求"。成都在软件服务、集成电路、新型显示、信息安全、数字娱乐等高新技术领域形成了较强竞争优势，成都数字产业的发展定位是"打造电子信息产业集群、推动数字文创产业发展、培育先进生产性服务业集群"，成都数字产业的发展需求是"数字产业集聚发展需求、数字产业能级提升需求、数字化转型资金需求"。三是绘制成渝地区数字产业精准对接图谱。以共建产业合作园区为重点，以重庆"产业数字化"、成都"数字产业化"的比较优势和核心诉求为基础，绘制成渝地区数字产业精准对接图谱，特别注重重庆产业数字化进程中的传统产业改造提升、成都数字产业化进程中的优势数字产业布局等方面的对接，实现成渝地区优势产业的互补支撑、特色产业的强强联合。四是构建成渝地区数字产业的补链成群。紧扣成渝两地数字产业发展的产业链、供应链、要素链、创新链中的关键环节和薄弱环节，发挥龙头企业引领作用，共建数字经济产业联盟，推进数字产业的"补链成群"。着力突破"卡脖子"技术和关键核心技术，加快通用芯片、智能传感器等核心共性技术创新,补齐关键系统软件、核心工业软件等短板,打通数字产业循环堵点。按照"大产业、细分工"的产业协作模式,促进数据生产要素的合理流动和高效聚集,形成完整的数字产业"生态群落"。五是实现数字产业转移的差异化承接。重庆应立足"产业数字化"的核心需求和比较优势,有选择地承接先进制造、电子信息、新材料等数字产业的转移,实现产业结构的优化升级和数字产业的集群发展。成都要发挥"数字产业化"的核心需求和比较优势,规避制造业短板,引进5G、信息终端、大数据、云计算、物联网等新一代信息技术产业,促进智能制造业发展。鼓励东部发达省份与成渝地区的老工业基地、资源枯竭型城市转型合作,设立产业转移和转型发展园区,引导周边地区企业承接配套。六是聚焦重点领域开展务实合作。重点在电子信息产业和智能制造产业领域,联合实施工业互联网创新发展、企业上云等行动,联合共建实验室和科技园区。以智能基础设施为基础、信息网络为平台、"城市大脑"为智能中枢,联合搭建应用开发生态及创新支撑体系、网络安全管理和防护体系、智慧城市标准和规范体系。探索"互联网+先进制造业"、数字农业、数字消费、数字文旅等新业态的合作模式。共同举办"一带一路"科技交流大会,共建"一带一路"科技创新合作区和国际技术转移中心。

第四,成渝地区数字产业协同布局的保障措施研究。一是建设数字产业协同发展平台。聚焦数字产业"卡脖子"瓶颈,搭建数字技术研发创新平台;聚焦企业"定、找、引、育、服、管"产业运作全生命周期闭环,建设数字产业服务共享平台;按照成渝两地数字产业比较优势和核心诉求,搭建政府数字产业发展指导平台。二是营造数字企业良好营商环境。着眼数字企业在设立及发展过程中的难点、堵点、痛点问题,强化成渝两地政府服务联办、市场监管联合、信息资源共享,协同推进"放管服"改革,共同营造政策最优、成本最低、服务最好、办事最快的数字企业营商环境。三是保障数据资源共享与安全。以需求为导向、共建为手段、共享为目标、数据标准化为核心,推动数据资源从信息共享向价值共享跨越。明确数据确权、开放、流通、交易相关制度,加强数据安全体系和网络防护体系建设,建设联合异地灾备数据基地。四是完善协同发展的保障机制。建议成立数字经济发展与监管委员会,推进成渝地区数字产业规划的共同编制、数字产业发展问题的共同协商,完善数字资源和数字要素的跨区域流动机制,破除行政壁垒和行业壁垒,增强政策协调和规划衔接的执行力。

本书参考和借鉴了大量国内外学术论文、研究报告、学术专著和政府部门的相关资料和数据,并在书中进行了相应标注,但仍有可能挂一漏万,在此向学者们表达衷心的感谢。数字经济、数字产业的理论与实践正在迅猛发展,成渝地区双城经济圈建设正在快速推进,限于作者的知识储备,研究得出的一些结论只是阶段性的,大量数据、资料、文献和实践背后所隐藏的含义还有待进一步去揭示,祈望专家学者和实际部门工作者不吝赐教。

感谢重庆市政府类重大委托项目的立项。感谢重庆市生产力发展中心理事长童小平对项目研究的关注和指导。感谢合著者北京邮电大学吕静文博士、北京邮电大学仇泸毅教师、中共重庆市委党校谢菊教授卓有成效的工作。感谢项目参与者中共成都市委党校李发戈教授，北京邮电大学谢天麟、孙梦寒硕士，牛堃瑛博士在资料收集、数据处理等方面的积极工作。感谢北京邮电大学张静副教授、李宏兵副教授等提出的宝贵意见。感谢在项目开题报告、项目中期检查、项目结项报告时，万晓榆、阎建明、刘兰、寒洁、杨文举、樊自甫、曹骁阳、李蒙、任超等专家教授和实际部门工作者提出的宝贵意见。感谢北京邮电大学卢奕同、董影、庄媛媛博士，赵钰朔、陈素雪、郭沐辰、郭星男、王聆雪、王依芃、周娅、周佳瑞硕士的积极参与。感谢重庆市生产力发展中心、北京邮电大学、中共重庆市委党校、中共成都市委党校的领导和朋友们的关心和支持。感谢妻子张为民女士、女儿何思杭对项目研究和书稿写作的充分理解和支持。

何伟

2022年10月于北京邮电大学

目 录

第一章 绪论 … 1
  第一节 研究背景及意义 … 3
  第二节 文献综述及问题提出 … 8
  第三节 概念界定及研究范围 … 17
  第四节 研究思路及研究特点 … 21

第二章 成渝地区数字产业发展现状及问题研究 … 29
  第一节 成渝地区数字产业发展现状 … 31
  第二节 成渝地区数字产业发展障碍 … 49
  第三节 成渝地区数字产业合作现状及问题 … 58
  第四节 成渝地区数字产业布局的同质化问题 … 68

第三章 成渝地区数字产业的发展定位研究 … 73
  第一节 成渝地区数字产业体系布局特征 … 75
  第二节 成渝地区数字产业空间布局特征 … 90
  第三节 成渝地区数字产业的比较优势 … 93
  第四节 成渝地区数字产业的发展定位及需求 … 114

第四章 成渝地区数字产业协同布局的必要性及原则研究 … 127
第一节 成渝地区数字产业协同布局的必要性 … 129
第二节 成渝地区数字产业协同布局的原则 … 132

第五章 成渝地区数字产业发展定位与协同布局的路径研究 … 139
第一节 成渝数字经济试验区的总体定位 … 141
第二节 成渝地区数字产业的优势互补 … 145
第三节 成渝地区数字产业的补链成群模式 … 152
第四节 成渝地区数字经济与实体经济的融合 … 157
第五节 成渝地区承接数字产业转移的差异化 … 159

第六章 成渝地区数字产业发展定位与协同布局的保障措施研究 … 169
第一节 成渝地区数字产业协同发展的保障机制 … 171
第二节 成渝地区数字产业协同发展的平台建设 … 177
第三节 成渝地区数字企业营商环境的共同营造 … 181
第四节 成渝地区数据资源的共建共享与安全保障 … 186
第五节 《重庆市数字经济促进条例》的出台 … 190

附　件 ·· 203

　　附件一：案例分析《打造世界级产业集群——成渝地区携手培育世界级电子信息产业集群路径分析》·········· 205

　　附件二：案例分析《承接东部产业转移——重庆打造沿江承接产业转移示范区建设路径分析》·········· 211

　　附件三：案例分析《积极打造数字产业协同发展新高地——京津冀数字产业发展现状及协同建设路径分析》·········· 218

　　附件四：案例分析《全面构建数字产业协同发展新模式——粤港澳大湾区数字产业协同发展现状及建设路径分析》·········· 231

　　附件五：案例分析《强化科技支撑，共建高品质科创空间——成渝共建西部科学城成效分析》·········· 246

　　附件六：案例分析《共建内陆开放新高地——中欧班列（成渝）建设现状分析》·········· 254

第一章 绪论

第一章 绪论*

第一节 研究背景及意义

一、研究背景

2020年,全球经济遭受新冠肺炎疫情的重大冲击,国际政治局势出现重要变化,世界经济形势更加复杂严峻。习近平总书记在中共中央政治局常务委员会会议和全国两会上提出"双循环"新发展格局的重要论述,要求逐步形成以国内大循环为主体、国内国际双循环相互促进的新发展格局。2020年10月16日,中共中央政治局召开会议,审议《成渝地区双城经济圈建设规划纲要》。会议指出,当前我国发展的国内国际环境继续发生深刻复杂变化,推动成渝地区双城经济圈建设,有利于形成优势互补、高质量发展的区域经济布局,有利于拓展市场空间、优化和稳定产业链供应链,是构建以国内大循环为主体、国内国际双循环相互促进的新发展格局的一项重大举措[①]。这意味着成渝地

---

*课题指导:童小平;课题组长:何伟;课题副组长:严晓光;课题组成员:吕静文、仇泸毅、谢菊、李发戈、谢天麟、牛堃瑛、陈乾。

① 中央政治局审议《成渝地区双城经济圈建设规划纲要》[J].新西部,2020(C5):126.

区双城经济圈上升到国家战略,成为除京津冀、长三角、粤港澳大湾区之外,推动我国经济增长的第四极。

在推动成渝地区双城经济圈建设中,数字产业将发挥重要作用。在"双循环"新发展格局背景下,数字技术驱动下的数字产业成为拉动经济增长的重要引擎。数字技术通过构建新的产业生态,形成更强大的创新活力,使得数字经济产业逐渐成为主导产业。加快数字产业发展,打造数字经济新优势,以"双融合"全面支撑"双循环",为构建新发展格局提供强大支撑。同时,成渝两地数字产业发展基础良好,产业规模持续扩大,经济效应稳步提升。被确定为国家数字经济创新发展试验区以来,成渝两地更是抢抓信息化发展机遇,加快数字产业化、产业数字化,推动数字经济和实体经济深度融合。疫情期间,成渝两地数字经济产业展现出强劲活力和巨大发展潜力,有效对冲了经济下行压力,一路高歌猛进。总体来看,数字产业俨然成为成渝地区双城经济圈推动经济提质增效、产业转型升级、消费持续回暖的新优势、新动能。

成渝两地应当抢抓数字经济新风口,将发展数字经济产业作为优先事项,在优化整合成渝两地数字资源的基础上,联手打造完备的数字经济产业链、供应链和创新链,共同打造世界级的数字化产业集群,实现成渝地区双城经济圈产业链转型,在西部形成高质量发展的重要增长极,打造内陆开放战略高地。

二、研究意义

随着新一轮科技革命和产业变革的深入推进,全球产业供应链、价值链、创新链正在重新布局,世界各国城市群的产业协作也从要素协作阶段迈入基于产业链的多链融合发展分工协作阶段[1]。但是,成渝两地在资源禀赋、区位条件方面大致相当,加之历史原因,导致区域内城市在主导产业定位、产业链布局及产业园区定位等方面同质化问题突出,数字产业发展存在低水平竞争、合作缺失等弊端。探究成渝地区数字产业的发展定位与协同布局,对成渝地区打造数字经济发展新高地、打造国内国际双循环枢纽具有重要意义。

(一)夯实国家区域协调发展战略

党的十九大报告提出,实施区域协调发展战略。在此背景下,推动成渝地区数字产业的发展定位与协同布局,可以进一步提升成渝地区数字产业发展水平及承接东部数字产业转移的动力,为成渝地区双城经济圈提供区域发展的新引擎,加速推动形成以国内大循环为主体、国内国际双循环相互促进的新发展格局,破解我国长期存在的区域发展不平衡、不充分问题,促进区域经济协调发展。同时,可以利用成渝两地支柱、主导产业及其周边产业聚集形成的经济中心,通过产业关联效应、

---

[1] 易小光.大力推动产业分工协作 建设成渝地区双城经济圈现代化产业体系[J].当代党员,2020(10):44-46.

极化与扩散效应带动区域其他产业发展[1],破解成渝地区"中部塌陷"发展困境,推动成渝地区区域内次级城市群的崛起和区域经济一体化发展。

(二)破解成渝地区数字产业布局同质化

从现有经济存量与数字产业发展关系出发,推进数字产业优化布局需要强化地区固有经济禀赋,结合现有经济资源,寻找数字产业发展融合点,进行非常规整合,探索共同发展、相互促进的新经济形式。将原有经济的内部资源集聚与外部资源整合,双管齐下,提高资源配置效率,从而为区域经济发展提供稳固强大的数字产业支持。推动成渝地区数字产业的发展定位与协同布局,可以破解成渝地区数字产业布局同质化,充分发挥成渝两地数字产业资源优势,以产业链为纽带,通过职能分工与产业错位发展,形成优势互补的城市职能组合结构,有效推动城市之间合理分工与通力协作,避免数字产业结构重复建设,实现成渝地区双城经济圈数字资源的优化配置。

(三)提升成渝地区数字产业综合竞争力

数字产业作为高新技术产业,具有渗透力强、覆盖面广、影响深远等优势,与各产业跨界融合正引发新的产业变革,对产业

---

[1] 张璞.数字时代城市产业布局优化[J].太原城市职业技术学院学报,2020(1):1-4.

效率的提升及新产业的拓展起到重要作用[1]。成渝两地通过多年的合作,已经形成了以电子信息为主导、在细分领域又各有擅长的数字产业体系。关联程度高、互补性强的数字产业特征,使得成渝两地的数字产业布局具备了实现高质量、一体化发展的基础和初步条件。但是,成渝两地的数字产业也面临着产业能级不高、市场主体不强、产业链所处位置偏低、产业协作有待加强等诸多挑战[2]。优化成渝两地数字产业的发展定位与协同布局,一方面可以加速数字产业与传统产业的渗透融合,更好地发挥高新技术产业、现代服务业等数字经济的引领优势,创造成渝地区经济新增长点,提升区域经济发展的综合竞争力;另一方面可以加速两地关联产业的渗透融合,从而催生新业态、新模式,促进两地科技创新驱动发展,形成高效分工、科技创新活跃的产业集群,形成成渝地区区域产业竞争新优势。

总之,推动成渝地区双城经济圈建设并非一城一地之事,应深入探究成渝地区数字产业的发展定位与优化布局,充分发挥成渝两地在数字产业发展中的优势,深化数字产业协作配套,提升要素集聚能力,共同打造具有全球影响力的数字产业链、价值链,更好支撑国家区域协调发展战略实施,推动我国经济实现高质量增长。

---

[1] 臧蕊.数字经济产业发展对产业结构优化升级的影响研究[D].北京:北京邮电大学,2019.

[2] 皮亦鸣.共建工业互联网 平台共享数据要素 推进成渝地区双城经济圈合作[N].人民邮电报,2020-07-16.

第二节 文献综述及问题提出

一、文献综述

成渝地区是我国西部人口最密集、产业基础最雄厚的区域,是"一带一路"和长江经济带的重要战略支点,推动成渝地区双城经济圈产业的协同发展是落实党中央在新时期重大战略规划的具体体现。学术界针对成渝地区经济联系、产业布局等已展开了大量研究。本书通过搜集整理学术界相关文献,从新产业空间溢出效应、城市群产业协同及成渝地区产业协同发展三个方面的研究出发,概述成渝地区双城经济圈产业协同发展的研究现状,以期强化成渝地区数字产业的发展定位与协同发展的学理性支撑。

(一)新产业空间溢出效应的相关研究

演化经济地理学家针对新产业的发展问题进行了大量的研究,认为新产业的产生及发展受到认知邻近性(Cognitive Proximity)的影响。Nooteboom(2000)和Boschma(2005)指出,认知距离会影响产业之间的知识溢出,认知距离太近容易造成知识和技术的"锁定",而认知距离太远则会造成产业之间缺乏共同的知识基础,这两种情况都不利于产业间资源和技术的传递和整合,只有合适的认知距离才能促进产业间知识溢出和资源整合。在此基础上,Boschma等人(2011)引入了"技术关联"(Technological Relatedness)的概念。Frenken(2011)认为技术关联性较高的产业之间更容易实现知识的跨产业溢出,各产业领域间通过知识溢出和交互学习对相关生产要素和能力进行重组,可以促进新的产业的产生和发展。

但是,早期的研究主要基于标准产业分类和投入产出表这两种方法来判断两个产业是否具有技术关联。如果两个产业属于同一产业分类或二者具有相似的投入要素,则认为这两个产业具有技术关联,否则认为无关联。然而,这两种方法都具有一定的局限性。GUO&HE等人(2015)提出,基于标准产业分类的方法忽略了不同产业分类之间可能由于知识溢出所产生的技术关联现象,而基于投入产出表的方法则忽略了影响产业间技术关联程度的其他因素,例如制度环境、基础设施等。Hausmann和Klinger(2007)等人提出了产品空间理论,即基于同一国家同时出口两种产品的条件概率来确定产品之间的技术关联程度。伍业君等人(2012)对该理论进行了深入研究,认为产品只有作为一个整体时,才是决定比较优势转化和产业升级方向的关键因素,将体现在产品中的能力和产品之间的关系等特征纳入网络结构,直观地刻画了产品之间的技术联系和产品空间的演化,动态描述了新产业的产生和发展过程[①]。

[①] 伍业君,张其仔,徐娟.产品空间与比较优势演化述评[J].经济评论,2012(4):145-152.

(二)产业协同发展的相关研究

1.城市群产业协同发展的相关研究

改革开放以来,随着经济特区、开放沿海城市、开放内陆城市等点、线、面的开放格局的实施,我国城市群产业协同发展的实践不断成熟。在此过程中,我国学者针对城市群产业协同发展问题的研究不断深化,并取得了丰富的研究成果。

产业协同度测度方面,魏丽华(2018)围绕协同空间、协同成本、协同能力、协同制度、协同创新五个方面选择相关指标,构建了产业协同指标体系和模型,测算京津冀地区产业协同发展进程,并分析京津冀三地在产业协同中扮演的角色[1]。栾江等人(2020)使用"冰山成本模型"测算了京津冀地区经济协同程度,并进一步实证分析了地方分权和产业结构差异对一体化程度的影响[2]。刘国巍(2020)等人运用复杂网络规模、结构、特征指标和逻辑斯蒂模型分别构建网络结构和生命周期演化(结果表征)模型,并运用社会网络分析的块模型测度网络协同态势(关系行为模式识别),据此剖析产业链创新的复杂集聚和涌现态势,揭示战略性新兴产业合作网络以产业链创新行为为主导逻辑所产生的协同效果[3]。

产业协同存在的问题及原因方面,刘阳等人(2018)通过对

---

[1] 魏丽华.京津冀产业协同水平测度及分析[J].中国流通经济,2018,32(7):120-128.

[2] 栾江,马瑞.京津冀地区经济协同发展程度的统计测度[J].统计与决策,2020,36(16):50-54.

[3] 刘国巍,邵云飞.产业链创新视角下战略性新兴产业合作网络演化及协同测度——以新能源汽车产业为例[J].科学学与科学技术管理,2020,41(8):43-62.

京津冀产业协同发展现状进行总结分析,认为京津冀产业协同存在产业同构现象严重、产业辐射带动能力不足、政府干预过多、单一区域发展价值取向损害区域整体利益及转入地产业承接能力较差等问题,亟需优化产业协同路径,促进京津冀产业协同又快又好发展[①]。李艺铭(2020)采用莫兰指数、区位熵等空间集聚指数分析方法测算,总结出粤港澳大湾区电子信息产业协同发展存在的"东高西低、自我强化"的空间集聚特征、"未有协同、方向各异"的协同发展特征、"成效初显、联动不足"的要素集聚形态三大特征阻碍了其协同发展进程[②]。

产业协同建设路径方面,邱风等人(2007)从产业的相对专业化指数和平均集中率的变化、领先产业的比较及产业结构相似系数的变迁,分析了长三角地区制造业产业重复投资现状,并提出通过制度创新促进长三角地区产业协同发展[③]。梁兆南等人(2021)从医药产业细分产业链的角度探讨京津冀医药产业协同发展的特点与存在的问题,提出加强三地制度协同、产业政策和商业政策之间的协同、引导企业填补产业链欠缺环节及提升河北提取配套能力等对策建议[④]。肖雁飞等人(2017)利用地区专业化分工理论与方法,选择广东、湖南、

[①] 刘阳,王庆金.京津冀产业协同发展存在的问题与路径优化研究[J].农村金融研究,2018(3):29-33.

[②] 李艺铭.加快推进粤港澳大湾区城市群产业协同发展——基于与东京湾城市群电子信息产业的对比分析[J].宏观经济管理,2020(9):83-88.

[③] 邱风,朱勋.长三角地区产业重复投资与协同发展研究[J].财经论丛,2007(6):8-14.

[④] 梁兆南,李玲,黄琳,等.基于产业链视角的京津冀医药产业协同发展研究[J].河北省科学院学报,2021,38(3):77-85.

江西、广西等四地制造业为研究对象,研究区内分工、产业转移及协同发展[①]。

2.成渝地区产业协同发展的相关研究

目前,学术界已针对成渝地区产业协同发展意义及协同发展路径等展开了相关研究,并取得了丰硕成果。

在成渝地区产业协同发展意义上,易小光(2020)认为产业分工协作是区域一体化发展的重要内容和经济基础,推进成渝地区双城经济圈产业协同发展,有助于两地加快构建实体经济、科技创新、现代金融、人力资源协同发展的现代产业体系,增强我国区域经济的综合实力;有助于两地充分发挥产业体系相对完整的比较优势,集中力量和优化配置,形成强大的产业链和产业集群,成为我国继京津冀、长三角、粤港澳大湾区后又一个高质量发展重要增长极。郭险峰等人(2020)以川渝汽车产业协同发展为切入点,提出川渝汽车产业协同发展是时势格局下的必然要求、产业发展态势下的必然举措、避免同构竞争的重要抓手,并且是突破核心技术瓶颈和加强基础设施配套的必然途径[②]。

一些学者对成渝地区产业协同发展问题进行了深入分析。肖晓玲(2015)对成渝城市经济联系强度、经济隶属进行了测度、分析,结果表明成渝城市群一体化发展已具备较好的前期基础,

---

① 肖雁飞,吴艳萍,向云波,等.产业转移、专业化分工与跨区域协同发展研究——以粤湘赣桂为例[J].地域研究与开发,2017,36(6):10-13.
② 郭险峰,文波.加强川渝汽车产业协同发展的思考及建议[J].中共四川省委党校学报,2020(1):103-109.

但在成渝两地实际产业布局中,产业同构现象较为明显[1]。张超等人(2018)使用引力模型研究了成渝两地经济吸引力的动态变化,使用产业结构相似系数研究成渝两地间产业结构的相似度的动态变化,认为成渝两地间经济协同发展的实现程度不高,并且两地产业结构高度相似,存在产业同构现象[2]。李优树等人(2020)测算了成渝两极核城市的产业同构系数和区位熵,结果也表明成渝两极核城市产业同构化现象突出[3]。廖敏等人(2020)提出成渝两地高新技术产业合作不足,尚未形成基于产业链的专业分工,成渝两地与周边区域产业落差大、研发优势尚未在产业链协作中充分发挥及高新技术产业缺少高水平合作,未能争取价值高端等[4]。

关于成渝地区产业协同发展路径,学者们也进行了深入的研究。王恺乐等人(2021)通过对国际典型先进制造业集群发展案例进行分析,从加强科技研发投入和产业规划引导,遴选优势产业,加强产业协同,培育龙头企业,促进"制造+服务"融合发展和集聚高层次创新人才等方面,提出成渝地区双城经济圈培育世界级先进制造业集群的对策建议[5]。冯静等人(2021)强调快速提升成渝地区产业协同创新能力是目前至关重要的抓手,

---

[1] 肖晓玲.成渝城市群产业协同考察[J].现代经济信息,2015(16):449-450.
[2] 张超,杨军.成渝经济协同发展考察分析[J].经济界,2018(1):38-45.
[3] 李优树,冯秀玲.成渝地区双城经济圈产业协同发展研究[J].中国西部,2020(4):35-45.
[4] 廖敏,李军锋,向彦任,等.成渝城市群高新技术产业现状分析与协同发展政策研究[J].科技与创新,2020(19):4-7;11.
[5] 王恺乐,熊永兰,宫庆彬,等.国际先进制造业集群发展经验对成渝地区双城经济圈的启示[J].科技管理研究,2021,41(10):119-125.

并提出加快转变成渝地区产业协同创新的体制机制、推进协同合作实现群地联动、合理分配资源实现错位发展与协同创新及强化成渝地区协同创新的综合交通运输支撑体系等对策建议[①]。刘波等人(2021)认为加强现代产业高质量协同发展要从"求同、存异、调整、创新"四个方面出发,即通过产业政策和平台引导,促进同类及关联产业集聚发展;遵循城际产业分工演进规律,各城市重点发展基础较好且体现区域特色的优势产业,加强城际产业分工协作,构建现代化城际战略产业链;根据城市定位和比较优势,以中心城市为引领梯度带动各城市产业转型升级和结构优化,构建城市群产业发展新雁阵;整合资源建立成渝贵产业协同创新体系,加强与全球产业创新对接,协同推进创新成果应用,促使产业发展新动能加快转换[②]。

综上所述,学术界对新产业空间溢出效应、新产业发展及产业升级等问题进行了深入探讨,城市群产业协同发展及成渝地区产业协同发展的相关研究成果也较为丰富。但是,也存在不容忽视的局限性。

第一,新产业空间溢出效应研究只关注区域内部现有累积能力对新产业发展的影响,却忽视了邻近地区的影响。同时,研究成果多使用区域内生产或出口数据,未侧重技术层面。因此,有必要着重从邻近地区及技术角度的影响对新产业发展路径进行深入的探讨。

[①] 冯静,苏慧.成渝地区双城经济圈产业协同创新的对策研究[J].经济师,2021(6):41-42.

[②] 刘波,邓玲.双循环新格局下成渝贵城市群协同发展影响因素与实现路径研究[J].贵州社会科学,2021,377(5):135-143.

第二,城市群产业协同发展及成渝地区产业协同发展研究成果多集中在对京津冀及长三角等产业发展水平较高地区,对中西部等地关注不够。同时,针对成渝地区产业协同发展的研究多集中在传统产业,缺乏对数字产业等一些战略性新兴产业的研究;在优化成渝地区产业协同发展路径中,侧重从宏观层面构建成渝地区产业协同发展机制,缺乏在微观层面上对成渝两地具体产业进行对接规划。在新常态背景下,学术界应强化对成渝地区等起步较晚的城市群产业协同发展的研究,为落实区域协同发展战略提供充分的学理支撑,以"双循环"新发展格局重塑我国经济优势。

二、问题提出

国家对成渝地区双城经济圈经济发展极为重视,成渝地区数字产业也迎来了一个绝佳的发展机会。但是,由于重庆和成都两个核心城市的数字产业结构趋同,竞争不断激化,导致双方均得不到充分发展,对经济圈的发展也产生了较大程度的负面影响。同时,数字产业合作机制不够完善,产业发展战略缺乏充分对接,导致成渝两地数字产业间的协调配合度较低,难以形成完整的产业链;企业间的横向联系薄弱,也使得协调难度加大,难以建立统一协调的产业结构,无法完善成渝地区双城数字经济圈的产业链条①。要想形成高质量发展的重要增长极,成渝地区双城经济圈数字产业必须分工协作,形成产业协同发展的局面,建设完善的成渝地区双城经济圈数字产业体系。

因此,本书以成渝地区数字产业发展现状为出发点,运用大量数据及评价指标,从产业结构效益、生产要素密集度、产业专业化水平、产业区际联系、产业结构高度化水平、产业空间布局等角度出发,静态分析和动态分析相结合,全方位深入地考察了成渝两地数字产业体系布局和数字产业分工合作水平,发现成渝两地数字产业的发展定位与协同布局有待强化。同时,还深度挖掘了成渝两地数字产业发展的比较优势和核心诉求。在此基础上,提出将重庆的产业数字化优势与成都的数字产业化优势相结合,优化成渝两地数字产业对接图谱,推动数字产业城际分工和协同发展,推动成渝两地数字产业链、供应链、价值链、创新链融合,实现数字产业空间集聚和错位发展,并根据自身优势,合理、有差异地承接东部地区数字产业转移,合力打造世界级数字产业集群。最后,本书还提出了成渝地区数字产业发展定位与协同布局的保障措施,强调从建设数字产业协同发展保障机制、协同发展平台,以及共同营造良好的数字企业营商环境、推动数据资源共建共享与安全保障等方面,为成渝地区数字产业协同布局保驾护航。

---

① 杨波,李霖瑶.成渝地区双城经济圈发展面临的主要问题及对策研究[J].商业经济,2021(1):20-22.

第三节 概念界定及研究范围

一、数字产业概念

作为数字经济的核心,数字产业由传统的信息产业演变而来。《数字经济及其核心产业统计分类(2021)》中明确界定了数字经济产业范围,即数字产品制造业、数字产品服务业、数字技术应用业、数字要素驱动业、数字化效率提升业。其中,数字产品制造业、数字产品服务业、数字技术应用业和数字要素驱动业是数字经济核心产业,主要包括计算机通信和其他电子设备制造业、电信广播电视和卫星传输服务、互联网和相关服务、软件和信息技术服务业等,对应了数字产业化部分。数字化效率提升业用数字技术和数据资源为传统产业带来产出增加和效率提升,主要包括智慧农业、智能制造、智慧交通、数字金融、数字商贸、数字社会、数字政府等,对应产业数字化部分。

基于以上分类规定和学术界现有成果,本书中的数字产业主要包括以数字化的知识和信息作为关键生产要素、以现代信息网络作为重要载体、以信息通信技术的有效使用作为效率提升和经济结构的优化重要推动力的数字化新兴产业和数字化赋能传统产业两大类,将其进一步细分为数字产品制造业、信息技术服务业、互联网相关服务业、工业智能化、农业数字化、服务业数字化,分类对应产品如表1-1所示。

表1-1 数字经济核心产业统计分类

类型	包含内容	对应产品
数字化新兴产业	数字产品制造业	机器人制造、光纤制造、光缆制造、计算机通信和其他电子设备制造业等
	信息技术服务业	集成电路设计、信息系统集成服务、物联网技术服务、运行维护服务、信息处理和存储支持服务、信息技术咨询服务等
	互联网相关服务业	互联网接入及相关服务、互联网信息服务、互联网平台、互联网安全服务、互联网数据服务等
数字化赋能传统产业	工业智能化	智能车间、智能工厂、工业互联网、汽车自动化与智能化
	农业数字化	农业供应链数字化、农产品电子商务
	服务业数字化	数字零售、数字金融、数字文创

二、研究产业范围

2020年10月,习近平总书记主持召开中共中央政治局会议,审议《成渝地区双城经济圈建设规划纲要》。会议强调,使成渝地区成为具有全国影响力的重要经济中心、科技创新中心、改革开放新高地、高品质生活宜居地,打造带动全国高质量发展的重要增长极和新的动力源。这为推动成渝地区双城经济圈建设指明了前进方向,提供了根本遵循。

本书瞄准成渝两地数字经济试验区建设需求,对标《重庆市国民经济和社会发展第十四个五年规划和二〇三五年远景目标纲要》《成都市国民经济和社会发展第十四个五年规划和二〇三五年远景目标纲要》,将成渝地区数字产业的发展定位与协同布局研究范围聚焦在集成电路、新型显示、智能终端等领域,打造"云联数算用"要素集群和"芯屏器核网"全产业链,培育超高清视频、人工智能、区块链、数字文创等创新应用,联手打造具有国际竞争力的电子信息产业集群,以唱好成渝地区数字经济发展"双城记",推动成渝地区双城经济圈建设。

三、研究空间范围

在成渝地区双城经济圈战略下,按照建设"世界级城市群"的要求,需要国家中心城市担负起高质量发展的"动力源"和"增长极"的历史使命[1]。重庆和成都作为我国西部地区的中心城市,在国家西部大开发、内陆开放等方面,一直发挥着

---

[1] 陈光.做强城市极核,引领创新发展——成渝地区双城经济圈战略中成都发展预测与建议[J].先锋,2020(7):29-31.

重要作用。经过多年发展,成都和重庆主城区的经济体量远远超出圈内的其他城市,已经具备了引领成渝地区发展的实力。因此,建设成渝地区双城经济圈,要发挥两座中心城市的带动作用,推动城市圈和重庆主城都市圈的发展,带动周边中小城市的产业升级和基础设施互联互通,推动省级交界区域交通物流、重点产业、生态环境和社会民生等领域的协同发展,最终实现成渝地区双城经济圈的高质量发展和西部整体发展。

本书将研究空间范围界定在重庆主城区和成都市中心城区。重庆主城区,即由渝中区、江北区、南岸区、九龙坡区、沙坪坝区、大渡口区、北碚区、渝北区、巴南区9个中心城区,以及合川区、江津区、永川区、长寿区、涪陵区、南川区、潼南区、铜梁区、大足区、荣昌区、綦江区、璧山区12个主城新区,共计21个市辖区构成。成都市中心城区,包括锦江区、青羊区、金牛区、武侯区、成华区、新都区、郫都区、温江区、双流区、龙泉驿区、青白江区11个行政区和成都高新区、天府新区成都直管区2个功能区。

第四节 研究思路及研究特点

一、研究思路

本书在回顾国内外相关研究文献和理论的基础上,以现实问题为导向,对成渝地区数字产业发展现状及问题进行深入分析,探究成渝地区数字产业体系布局、数字产业空间布局特征和成渝地区数字产业发展的比较优势及核心需求,明确成渝地区数字产业协同布局的必要性,并以此为支撑提出成渝地区数字产业发展定位与协同布局的原则、路径及保障措施,为"双循环"新发展格局下成渝地区双城经济圈建设提出建设性意见。具体研究思路如图1-1所示。

第一,绪论部分对成渝地区数字产业的发展定位与协同布局研究背景及意义进行深入分析,在此基础上结合学术界已有成果引出研究问题,并对本书中涉及的数字产业概念、研究产业范围及研究空间范围等进行明确界定。

第二,运用大量数据及评价指标,对成渝地区数字产业发展现状及问题进行深入研究,探讨成渝地区数字产业发展障碍、成渝地区数字产业合作现状及问题。同时,利用产业同构系数对成渝地区数字产业布局同质化进行分析与验证,强化成渝地区数字产业的发展定位与系统布局理论支撑。

第三，从产业结构效益、生产要素密集度、产业专业化水平、产业区际联系、产业结构高度化水平、产业空间布局等方面，深入探究成渝地区数字产业体系布局特征、数字产业空间布局特征及数字产业的比较优势，明确成渝地区数字产业的发展定位及需求，为成渝地区数字产业的发展定位与协同布局提供理论支撑。

第四，明确成渝地区数字产业协同布局的必要性，并在此基础上提出成渝地区在数字产业协同布局中要坚持尊重核心利益、实现错位发展、形成补链成群、合理分担成本、注重产业安全及规避恶性竞争的原则，为成渝地区数字产业协同布局奠定合作前提。

第五，在对成渝地区数字产业发展定位与协同布局的理论与现实进行研究的基础上，提出成渝地区应根据国家数字经济创新发展试验区的总体要求，通过强化成渝地区数字产业的优势互补、构建成渝地区数字产业的补链成群模式、推动成渝地区数字经济与实体经济的深度融合及承接数字产业转移的差异化等路径，将成渝地区数字产业发展定位与协同布局理念落地。

第六，成渝地区数字产业的发展定位与协同布局，要厚植成渝地区数字产业发展优势，完善各项保障措施。为此，本书提出通过共同完善成渝地区数字产业协同发展的保障机制、搭建数字产业协同发展平台、营造良好的数字企业营商环境、强化成渝地区数据资源共建共享与安全保障等，强化成渝地区数字产业统筹规划和政策扶持，为成渝地区数字产业的发展定位与协同布局提供完善的保障措施，全面打造有利于成渝地区数字产业蓬勃发展的生态环境，共建西部数字经济新高地。

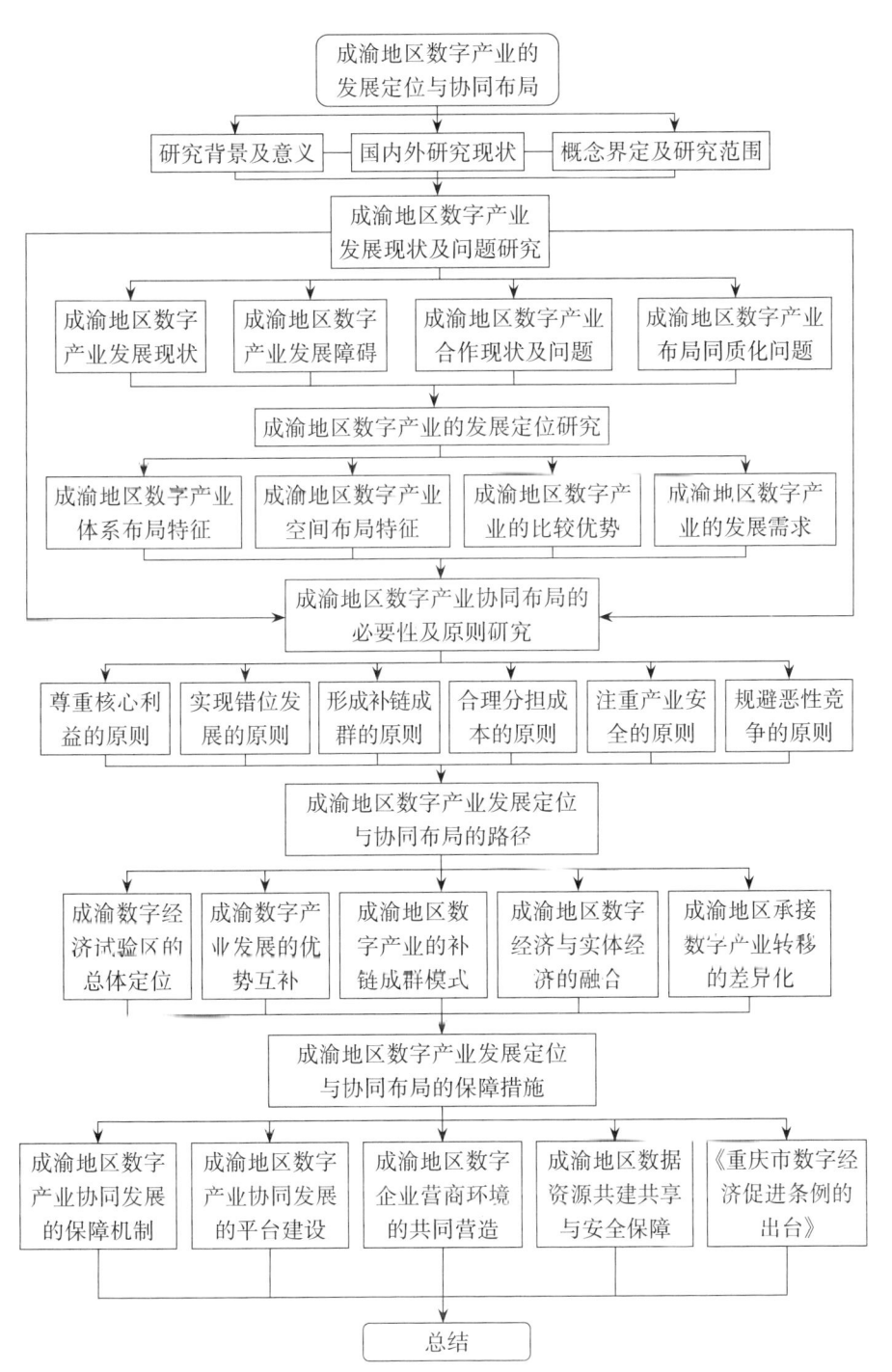

图 1-1　成渝地区数字产业的发展定位与协同布局研究思路

二、研究特点

本书围绕成渝地区数字产业的总体建设目标,深度挖掘成渝两地数字产业的比较优势和核心发展诉求,探讨成渝地区数字产业协同布局的必要性、可行性等,并在此基础上提出成渝地区数字产业发展定位与协同布局的原则、路径及保障措施,对于贯彻落实国家重大发展战略及对接成渝地区发展规划,实现成渝地区数字产业协同发展等具有重大意义。

(一)贯彻落实国家两大重大发展战略

中央财经委员会第六次会议明确提出,推动成渝地区双城经济圈建设,有利于在西部形成高质量发展的重要增长极,打造内陆开放战略高地,对于推动高质量发展具有重要意义。成渝两地作为首批国家数字经济创新发展试验区,更是担负着探索数字经济要素流通机制、新型生产关系、要素资源配置、产业集聚发展方式等重大任务。因此,本书围绕成渝地区数字产业的发展定位与协同布局进行深入研究,是贯彻落实"成渝地区双城经济圈建设"和大力发展数字经济的国家战略要求。

(二)对接成渝地区"十四五"规划布局

在"十四五"规划中,成渝两地都积极响应国家战略部署,以"数字产业化"和"产业数字化"为抓手,为成渝地区双城经济圈数字产业发展凝神聚力。同时,成渝两地都强调数字产业在推动区域一体化中的作用,提出"共商共建共治共享"。重庆提出合力打造数字产业新高地,建设成渝工业互联网一体化发展示范区。成都提出围绕合力打造数字产业新高地提升数智化水平,共同探索数字产业集聚发展模式,共促数字经济创新发展试验。因此,本书对接成渝两地"十四五"规划布局,根据成渝地区数字产业的发展优势和核心诉求,从学术层面提出成渝地区数字产业的发展定位与协同布局路径,推动"十四五"规划落地实施。

(三)挖掘成渝地区数字产业比较优势

推进成渝地区双城经济圈建设,应解除行政区划的限制,打破成渝协同发展障碍,降低成渝地区优势资源在两地间的流通成本,从而实现双城优势互补。关键在于充分挖掘成渝两地发展数字产业的比较优势和核心诉求,实现优势互补。本书通过大量数据和案例,深入分析了成都的数字产业化优势和重庆的产业数字化优势,并在此基础上提出建立跨区域产业联动协同发展模式,发挥成渝两地数字资源优势,扩大数字产业生产规模,增强数字产业竞争力,做大做强两地的优势数字产业,形成龙头和核心产业,共建具有世界影响力的数字产业集群。

(四)实现成渝地区数字产业差异共赢

成渝两地作为成渝地区双城经济圈建设中的两个极核城市,发展数字产业各有优势、各具特色。立足成渝地区城镇间产业层次差异和产业内容多元化,明确两个城市在数字产业中的具体分工,形成数字产业发展合力,将为成渝地区协同打造数字产业生态圈提供坚实的现实基础和底部支撑。因此,本书通过对成渝两地数字产业体系布局特征进行深入分析,探索成渝两地数字产业链重点环节,并在此基础上提出成渝两地应根据自身资源禀赋与产业优势,走异质性同构、差别化竞争的特色化产品发展之路、延伸型产业错位之路,在互补中趋异化,在互动中渐融合,实现成渝地区数字产业差异共赢。

(五)注重研究成果的对策性和操作性

当前,成渝地区双城经济圈建设已经上升为国家战略,前所未有地强化了成都和重庆引领西部乃至全国高质量发展的使命担当。作为驱动经济增长、吸纳就业的新引擎,推动成渝地区数字产业的发展定位与协同布局,对成渝地区实现经济高质量发展至关重要。本书总体上以应用型研究为导向,突出理论联系实际,尤为注重研究成果的对策性和可操作性。在对成渝地区数字产业发展现状及布局特征进行深入分析后,通过大量数据、理论模型等客观、公正地论证成渝地区数字产业发展定位与协同布局的必要性,并在此基础上提出具有现实可行性的成渝地区数字产业发展定位与协同布局的原则、路径及保障措施。

总体来看,本书针对成渝地区数字产业的发展定位与协同布局的研究,积极服务于国家战略部署,比较客观、公正地分析了成渝两地数字产业发展的短板和核心诉求,回应了成渝两地数字产业协同发展的关切和质疑,并从学术角度构建了成渝地区数字产业的发展定位与协同布局的"总体框架",对于推动成渝地区数字产业的发展定位与协同布局具有重要学术价值。

第二章　成渝地区数字产业发展现状及问题研究

DI-ERZHANG　CHENGYU DIQU SHUZI CHANYE FAZHAN XIANZHUANG JI WENTI YANJIU

第二章　成渝地区数字产业发展现状及问题研究

第一节　成渝地区数字产业发展现状

一、成渝地区数字产业总体发展现状

《中华人民共和国国民经济和社会发展第十四个五年规划和2035年远景目标纲要》明确提出充分发挥海量数据和丰富应用场景优势，促进数字技术与实体经济深度融合，赋能传统产业转型升级，催生新产业新业态新模式，壮大经济发展新引擎。成渝两地深入贯彻落实国家战略要求，加速布局数字产业发展格局，推动数字产业蓬勃发展，为带动区域经济高质量发展提供了全新动力源。

（一）数字经济总体实力赶超显著

我国数字经济上升趋势明显，数字经济新一线、二线城市数量大幅提升。在区域城市群的发展中，以广州、深圳为双核带动

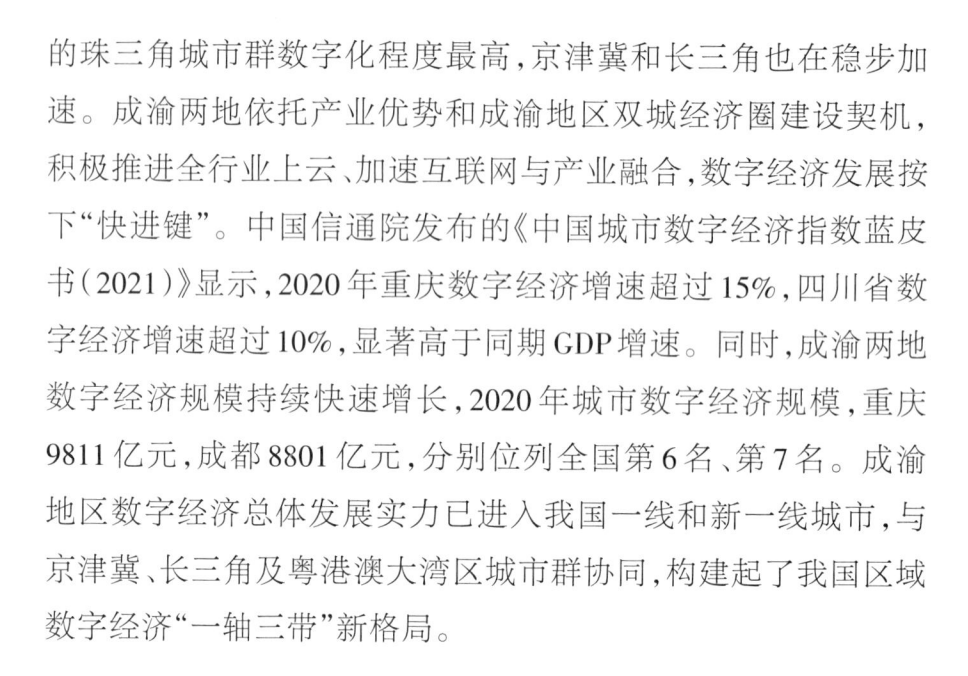

的珠三角城市群数字化程度最高,京津冀和长三角也在稳步加速。成渝两地依托产业优势和成渝地区双城经济圈建设契机,积极推进全行业上云、加速互联网与产业融合,数字经济发展按下"快进键"。中国信通院发布的《中国城市数字经济指数蓝皮书(2021)》显示,2020年重庆数字经济增速超过15%,四川省数字经济增速超过10%,显著高于同期GDP增速。同时,成渝两地数字经济规模持续快速增长,2020年城市数字经济规模,重庆9811亿元,成都8801亿元,分别位列全国第6名、第7名。成渝地区数字经济总体发展实力已进入我国一线和新一线城市,与京津冀、长三角及粤港澳大湾区城市群协同,构建起了我国区域数字经济"一轴三带"新格局。

(二)"双核辐射"发展格局初步形成

重庆和成都两个中心城市作为成渝地区的"双核",人口和经济总量大,产业基础雄厚,高端要素聚集,创新能力突出,两地通过优势互补,推动成渝地区数字经济发展迈向新阶段。新华三集团发布的《成渝地区双城经济圈城市数字经济指数白皮书(2020)》对成渝地区16个城市的数字经济发展水平进行了评分,得出成渝地区16个城市平均评分为46.9分。其中,成都进入数字经济一线城市,重庆进入数字经济新一线城市,另有13个数字经济三线城市。成都、重庆分别以89.2分、77.3分的数字经济综合评分遥遥领先。绵阳、德阳两城市数字经济综合评分高于平均分,综合来说相对领先。总体来看,成渝地区"双核辐射"数字经济总体格局初步形成,其他城市持续深化与成渝双核的协同合作,围绕两地产业特点形成优势互补,共同打造完整的产业链,成为打造成渝地区双城经济圈建设的重要支撑。

(三)产业集聚发展初步显现

经过近些年的迅速发展,成渝地区双城经济圈内数字产业集聚发展初步显现。截至目前,经济圈内逐步形成了以成都、重庆为核心的电子信息、先进装备制造等优势产业集群。重庆核心主城区聚集了电子信息产业、先进服务业、高端装备制造业及汽车制造业等现代产业,成都高端产业集聚区初步形成了先进服务业、先进制造业、数字文创产业、高新技术产业集聚高地。成渝两地也以电子信息、装备制造为突破口,充分发挥两地比较优势,打造数字产业新高地。2021年成渝共同推进67个重大合作项目,总投资1.57万亿元。首批20个产业合作示范园区联合选定,汽车、电子信息两大产业协同发展先行启动。截至作者完稿前,川渝两地产业在园区集中度均突破70%。依托成渝产业园区体系,成渝两地构建川渝产业适度错位发展、有序竞争格局,深化电子信息、汽车、装备制造等重点领域合作。

(四)数字产业发展环境日趋完善

成渝地区数字产业成果的获得,离不开日益完善的数字产业发展环境。2021年10月,中共中央、国务院印发了《成渝地区双城经济圈建设规划纲要》,从国家层面提出成渝地区要以全球新一轮科技革命和产业链重塑为契机,合力打造数字产业新高地,为成渝地区数字产业的发展定位与协同布局提供了充足的政策支撑[①]。成渝两地积极响应党中央、国务院号召,高度重视数字产业发展环境。截至作者完稿时,本书在成渝地区人民政府门户网站以"数字产业"为关键词进行检索,筛选出6份与成渝地区数字产业发展相关的有效政策文本,如表2-1所示。

表2-1 与成渝地区数字产业发展相关的有效政策

发布时间	政策文件	发布部门
2018年	《成都市推进数字经济发展实施方案》	成都市经信委、成都市新经济委、成都市发改委、成都市科技局
2018年	《重庆市以大数据智能化为引领的创新驱动发展战略行动计划(2018—2020年)》	重庆市科学技术委员会
2019年	《四川省人民政府关于加快推进数字经济发展的指导意见》	四川省人民政府
2021年	《成渝地区双城经济圈建设规划纲要》	中共中央、国务院
2021年	《重庆市数字经济"十四五"发展规划(2021—2025年)》	重庆市人民政府
2022年	《成都市"十四五"数字经济发展规划》	成都市人民政府

成渝地区从数字产业化和产业数字化两个层面出发,全力打造精准化、整体化、智能化的数字产业链,共建数字经济高地。

---

① 尹训飞,杨帅.走好科技创新"先手棋" 唱好数字经济"双城记"[J].先锋,2020(6):26-28.

具体产业层面,成渝两地强调完善数字产业化发展环境,发挥5G、大数据应用、云计算、软件服务业、人工智能等新一代信息技术产业支撑作用,大力发展电子信息、智能终端等数字产业。空间布局层面,成渝地区以国家数字经济创新发展试验区为抓手,从区域层面强调以成都新经济活力区、成都芯谷、天府智能制造产业园串起的数字经济带、重庆两江新区数字产业园、"芯屏器核网"智能产业集群等一批初具规模的数字产业创新平台为先行试验区,不断完善产业发展环境,同步开启以数字经济引领的新经济发展模式。

二、重庆数字产业发展现状

"十三五"以来,重庆抓住成渝地区双城经济圈建设和大数据智能化发展的战略契机,聚焦数字经济技术创新主攻方向,通过加快产业数字化转型、数字产业化集聚发展等方式,探索出老工业基地"数字产业突围"路径,推动全市数字经济呈现加速发展的良好态势。

(一)重庆数字产业化加速崛起

自国家发展改革委、中央网信办将重庆纳入国家数字经济创新发展试验布局,重庆找准数字产业化着力点和突破口,立

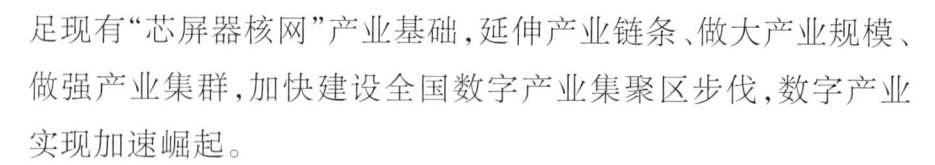

足现有"芯屏器核网"产业基础,延伸产业链条、做大产业规模、做强产业集群,加快建设全国数字产业集聚区步伐,数字产业实现加速崛起。

1. 数字产业全产业链日益完善

重庆数字产业快速崛起,大批重点企业不断聚集。华润微、万国半导体、海力士等企业基本构筑起"芯片设计→制造→封装→配套"的集成电路全产业链条,京东方、惠科、中光电等企业使新型显示产业链进一步壮大,格力、美的、VI-VO、OPPO等企业构筑起"生产+检测+供应链服务"的智能家电和智能手机产业体系,恩智浦、海康威视、中国四联等智能仪器仪表企业构建的"核"产业链不断完善,中移物联网、声光电、大唐科技等企业构筑起"系统集成+运营服务+硬件制造"的物联网产业链,全市"芯屏器核网"产业链轮廓初现,智能产业基础得到进一步夯实[①]。

如图 2-1 所示,得益于日益完善的数字产业链布局,2020年,重庆智能网联汽车收入增长 128.9%,达到 699.3 亿元,软件服务业增长 41.9%,实现经济收入 385.7 亿元,智能制造装备及汽车电子等产业领域收入也在不断增长。总的来看,重庆"芯屏器核网"一批重大项目投产或扩能上量,全产业链日趋完善;加之全球电子产业需求旺盛,企业有效抢占市场份额,共同推动重庆智能产业逆势上扬。

---

① 徐先航,陈可.重庆智能产业现状及高质量发展研究[J].边疆经济与文化,2020(11):10-12.

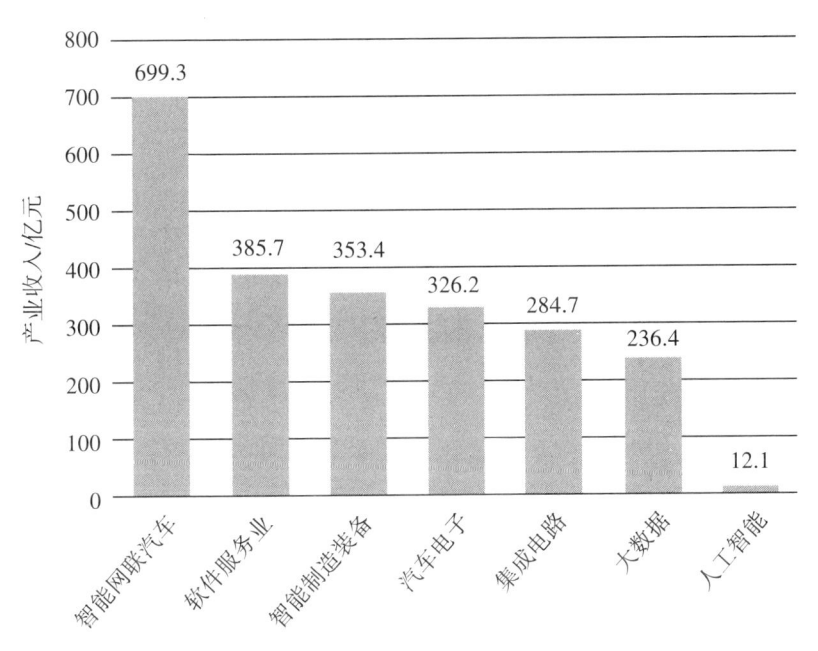

图2-1 2020年1—12月重庆主要数字产业分产业收入情况

(智能网联汽车 699.3；软件服务业 385.7；智能制造装备 353.4；汽车电子 326.2；集成电路 284.7；大数据 236.4；人工智能 12.1)

2.数字产业新兴业态不断涌现

重庆积极推动新业态发展和新模式应用,引导工业企业利用新一代信息技术向服务环节延伸,鼓励服务业企业向制造环节拓展,推动网络协同制造、设备健康管理、远程运维服务等新业态、新模式得到更大发展,实现更大规模应用。聚焦大数据智能化,积极布局软件和信息服务业新业态,以大数据应用、区块链、数字内容、软件服务、工业互联网、集成电路设计六大数字产业为抓手,科学谋划、积极实施了一批重大项目,大力推进渝中区中小企业监测服务平台、渝中融平台建设,助力渝中区小微企业发展壮大。2020年,重庆软件产业业务收入便首次突破2000亿元,达到2008亿元,同比增长17.1%,利润率约10%。其中,信息技术服务实现收入1191亿元,软件产品收入503亿元,嵌入式系统软件收入274亿元,信息安全收入40亿元。数字产业新兴业态不断涌现,为重庆经济社会高质量发展奠定了重要支撑。

(二)重庆产业数字化不断深入

作为中国重要的老工业基地,"抓产业转型升级"是重庆实现高质量发展的重要举措之一。"十三五"时期,重庆通过大力实施以大数据智能化为引领的创新驱动发展战略,着力推动传统产业智能化改造,产业结构调整和转型升级迈出坚实步伐。

1.工业互联网产业生态加快形成

重庆统筹推进工业互联网产业生态形成,加快传统产业转型升级。2018年,工业互联网标识解析国家顶级节点(重庆)启动建设,此后相继出台《重庆市推进工业互联网发展若干政策》《重庆市深化"互联网+先进制造业"发展工业互联网实施方案》《重庆市发展智能制造工程实施方案(2019—2022)》等政策文件,支持基建提升、平台建设、企业"上云上平台"等,工业互联网发展进入"快车道"。截至2021年4月12日,国家工业互联网标识解析顶级节点(重庆)已建成17个二级节点,接入企业节点超800家,标识注册总量达4.63亿,标识解析量累计超1.71亿次。同时,全市已集聚197家工业互联网服务企业,第三方服务平台47个,累计推动7.1万户企业"上云上平台",连接设备数近150万台,为传统制造企业实现高端化发展、智能化转型提供了前提条件。

2. 数字化服务业线上线下业务深度融合

重庆大力推动数字技术和服务业融合,供应链管理、"互联网+物流"、快递速运等智慧物流新模式不断涌现,无人配送、在线消费等新兴产业展现出极大成长潜力。联合阿里巴巴、腾讯等平台实施"数字服务商户扶持计划""数字赋能实体零售帮扶行动"等,指导实体企业抢抓线上业态、线上服务、线上管理等发展新机遇,促进近3万余商户线上转型发展,"互联网+"消费生态体系进一步完善;支持苏鲜生、苏宁小店、宜品生鲜等生鲜零售店铺加快网络布局,新增零售网点近百个;开展网络消费"渝快送"行动,全市超70%小区(社区)实现智慧零售终端布局;启动电商直播带货"2111"工程,开展近10万场次直播带货活动,实现零售额超50亿元。如图2-2所示,2020年期间,面对新冠肺炎疫情给消费领域造成的冲击,重庆坚持一手抓防控,一手抓发展,社会消费品零售总额持续攀升,增速位居全国前列。其中,网上零售对社会消费品零售总额增长做出了巨大贡献,全市限额以上单位网上零售额增长45%,较2019年同期高31.3个百分点。

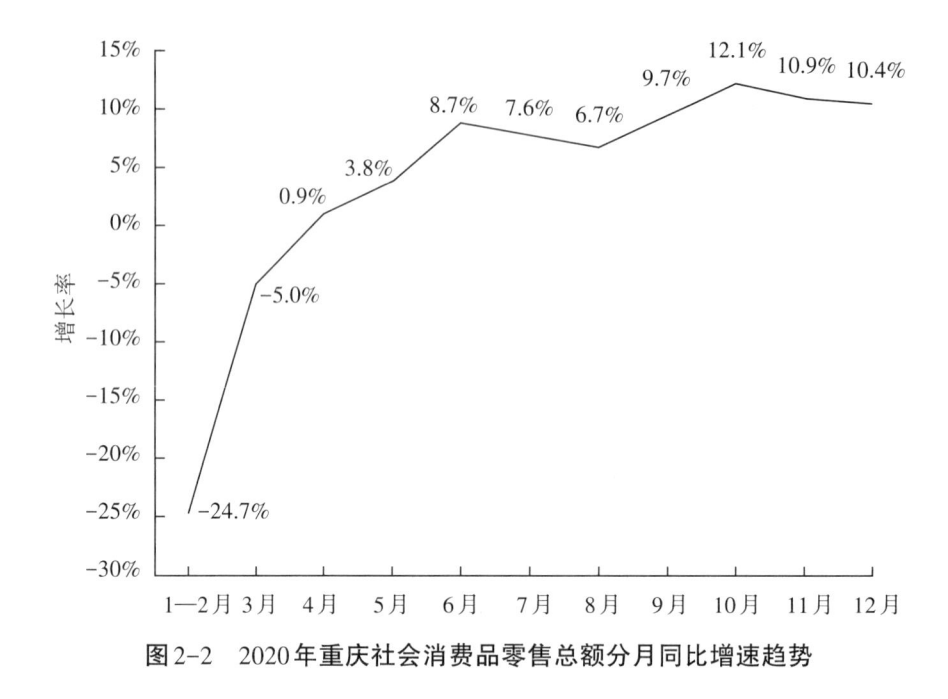

图2-2　2020年重庆社会消费品零售总额分月同比增速趋势

3. 数字化文创推动文化产业活力迸发

"十三五"以来，重庆贯彻落实党中央、国务院关于文化产业发展的系列决策部署，发挥数字技术对传统文化产业赋能作用，推动全市文化产业发展取得了新进展、实现了新突破。截至目前，已创建渝北区重庆数字创意产业园、渝中区上清寺数字文化产业园、两江新区海王星数字文化产业园、涪陵互爱科技产业园等4个数字文化创意产业园，文化创意承载载体面积逾30万平方米，数字文化产业增加值达100亿元左右。全面推进数字文化馆、数字图书馆、数字博物馆建设，全市文化馆系统在线预订15718次、服务时长677.3万小时、服务群众21.6万人次，建成数字图书馆43个、资源总量超200TB，红岩革命历史纪念馆完成文物环拍317件、扫描档案21521页、扫描平面文物93件。推出红岩系列展馆720度全景虚拟漫游,网上数字展览入选国家文物局第一批推出的数字博物馆清单,共计推出展览50个,文物藏品展示90件,线上点击超10万次。

总体来看,自纳入国家数字经济创新发展试验布局,重庆找准产业数字化和数字产业化着力点和突破口,立足现有"芯屏器核网"产业基础,延伸产业链条、做大产业规模、做强产业集群,并积极推进工业、文化产业数字化转型升级,加快建设全国数字产业集聚区步伐。

三、成都数字产业发展现状

近年来,成都抢抓信息化发展机遇,在数字经济领域频频发力,在软件服务、集成电路、新型显示、信息安全、数字娱乐等高新技术领域形成了较强的竞争优势。如今,成都以此为基础,通过"数字产业化"和"产业数字化"双轮驱动,着力打造数字经济发展新引擎,赋能城市经济社会高质量发展。

(一)数字产业化布局持续推进

成都作为中国西部中心城市、四川省省会,集合了全省数字经济产业主要资源,众多数字经济龙头企业。天府软件园、电子科大科技园等全国知名的产业园在成都落地,本地以数字经济形态为主的高成长型企业发展迅速,使得成都数字经济发展在全国名列前茅[①]。随着科技创新优势的不断强化,成都数字产业化集聚发展效应凸显。

1. 电子信息产业链不断健全

成都精准把握电子信息产业发展趋势,围绕集成电路、新型显示、智能终端、高端软件等领域,超前布局电子信息产业"龙头项目—产业链—产业集群—产业生态"发展路径,并出台相关规划和支撑政策,为电子信息产业高质量发展构筑"四梁八柱",推动"芯屏端软智网"产业链加速形成。

如表2-2所示,成都结合全市各区特色及优势,以高新区为集成电路产业发展核心区、双流区和天府新区为集成电路产业发展重点园区,全面覆盖集成电路设计、制造、封测、设备及材料等全产业链环节。上游设计领域,聚集了华为、德州仪器、恩智浦、华大九天等全球知名科技领军企业;制造、封测环节,拥有格罗方德、紫光成都存储器、英特尔、宇芯等实力企业;材料及设备领域,拥有住矿电子、硅宝公司、梅塞尔气体、林德气体等配套企业。日益完善的电子信息产业链和配套企业,为成都电子信息产业竞争力提升做出了重要贡献。仅2020年,电子信息产业规模达10065.7亿元,同比增长19.8%,成为成都首个产值破万亿的产业,居中西部城市第一[②]。

[①] 胡霞,薛挺.数字经济促进成都经济发展与转型研究[J].合作经济与科技,2020(21):27-29.

[②] 郑正真.数字经济促进城市高质量发展的成都实践[J].当代县域经济,2021(9):52-54.

表2-2 成都集成电路产业链企业分布情况

集成电路产业链	主要企业
设计/IDM	华为、德州仪器、恩智浦、华大九天、澜起科技、科胜讯、威斯达、紫光展讯、澜至电子、虹微、华微、申微科技、九芯微、智芯测控、晶砂科技、锐成芯微、成都维科芯、易冲无线
制造	格罗方德、紫光成都存储器
封测	英特尔、宇芯、芯源
材料/设备	住矿电子、硅宝公司、时代立夫、BOC、梅塞尔气体、林德气体

2.人工智能产业生态日渐完善

作为获批建设国家新一代人工智能创新发展试验区的重要城市，成都以技术创新为基底，以场景开放为牵引，以行业示范为助力，以生态优化为保障，构建人工智能产业生态，推动人工智能发展跑出"加速度"。

在产业布局方面，初步形成以独角兽岛、新川创新科技园、白鹭湾新经济总部小镇三大发展极核，成都新经济活力区、白鹭湾新经济总部功能区、成都科学城、成都芯谷、成都医学城、龙潭工业机器人产业功能区、龙泉汽车城、金牛坝科技服务产业功能区、天府牧山数字新城等九大重点发展区域和多个应用示范点的空间布局。作为人工智能产业发展主阵地之一的高新区，正积极构建"一核一区六园"人工智能产业空间格局，并初步构建起覆盖基础层、技术层、应用层的人工智能产业生态。

在产业规模方面，如图2-3所示，截至2020年底，成都人工智能产业企业数量达550余家,核心产业规模高达200亿元①。企业数量全国排名第五,形成了以川大智胜、纵横自动化、创意信息等本土龙头型企业和中科信息、启英泰伦、考拉悠然等创新型企业组成的多层次人工智能企业群。成都部分人工智能企业技术达到全国领先,中科信息的自动推理、布法罗的外骨骼机器人、博恩思的手术机器人、川大智胜的三维人脸识别、中航工业的无人机等产品(技术)均已达到国内领先水平、国际一流水准。

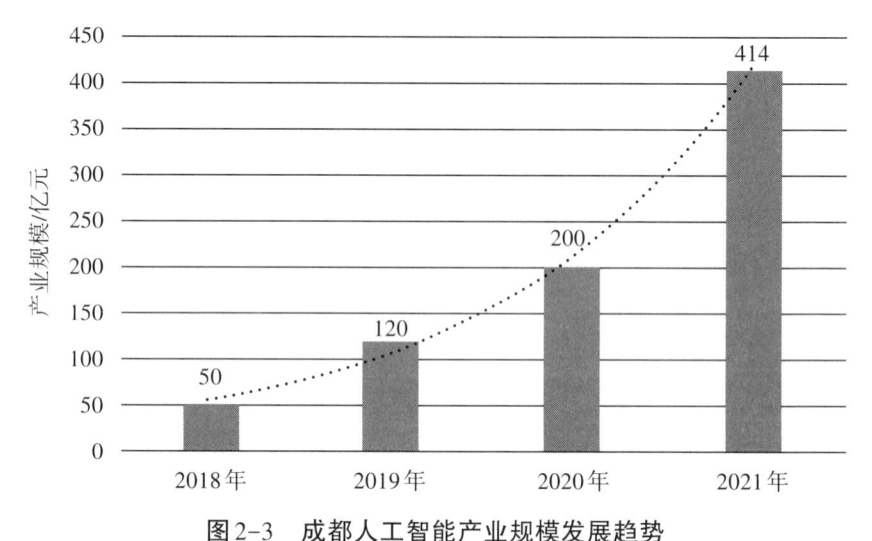

图2-3 成都人工智能产业规模发展趋势

3.软件信息产业实力全面增强

作为全国首批、中西部唯一的综合型"中国软件名城",成都已经成为我国中西部地区软件服务业发展的标杆城市,正加速向"世界软件名城"迈进。成都高新区已集聚全球软件百强企业13家,中国软件业务收入百强企业35家,中国互联网企业百强

---

① 下一个"万亿级",成都锁定何方?[J].产城,2021(8):14-17.

企业20家,软件从业人员超过16.7万人。2020年,在44个国家火炬计划软件产业基地排第7名。2021年1—11月,成都高新区软件和信息技术服务业实现营业收入2056.4亿元,同比增长46.9%。目前,成都聚焦数字化、网络化、平台化、服务化、智能化、生态化六个维度,以全面提升成都软件信息产业实力,将软件产业打造为高质量发展的重要引擎。

(二)产业数字化融合逐步提速

成都在数字经济领域频频发力,坚持以科技为基础、以数据为要素、以价值为中心、以共建为导向,推动数字科技创新重塑先进制造业、现代服务业和都市现代高效特色农业发展方式,产业数字化融合逐步提速。

1.制造业数字化转型升级趋势明显

成都结合自身优势和特色,锁定装备制造产业等重点领域智能化转型升级,坚持"产业结构优、科技含量高、资源消耗少、环境影响小、质量效益好、发展可持续"的高质量发展目标,加快构建特色鲜明、优势突出、竞争力强的高端装备制造产业生态圈。截至目前,智能制造核心装备产业规模达380亿元,全产业链规模突破1160亿元,企业数字化研发设计工具普及率达76.4%,关键工序数控化率达47.0%,形成了以示范应用为牵引、智能软硬件为核心、功能区协同配合为支撑的一体化发展格局,先进装备制造业产业生态圈初步形成。如图2-4所示,在工信部启动的先进制造业集群竞赛中,成都软件和信息服务、成都及德阳高端能源装备2个产业集群入选25个先进制造业集群决赛优胜者名单,为成都冲击"世界级先进制造业集群"提供了充足的发展动力。

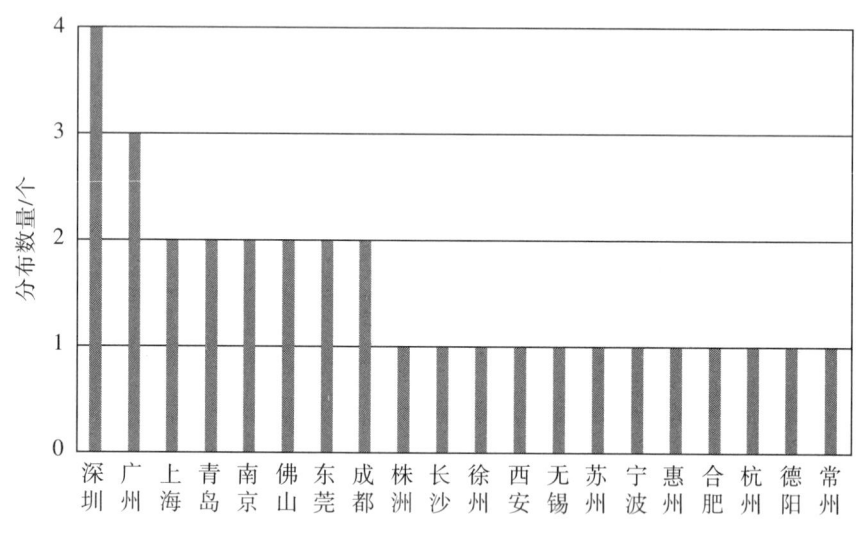

图2-4 工信部先进制造业集群决赛优胜者城市分布情况

2. 数字服务业实现逆势增长

面对严峻复杂的国内外环境,成都大力发展数字消费新业态新模式,着力推动商业贸易、现代物流、金融、文体旅游等支柱型服务业数字化转型升级、提质增效,鼓励发展直播电商、智慧商超、智能体验中心等新场景,社区电商、社群电商等新模式,生鲜电商、门店到家等新业态,积极推进数字技术赋能生活服务业转型升级。2020年,服务业对经济增长的贡献率达52.2%。其中,高技术服务业、科技服务业、战略性新兴服务业营业收入分别增长13.7%、16.0%、11.6%,与数字经济相关的互联网和相关服务、软件和信息技术服务业营业收入分别增长78.3%、37.3%

(如图2-5所示)。此外,成都不断加快特色金融功能区建设,全球金融中心指数排名上升至43位,实现金融业增加值2114.8亿元,同比增长7.7%。疫情冲击下,成都数字服务业的逆势增长,有效对冲了经济下行压力。

产业	增长率
战略性新兴服务业	11.60%
高技术服务业	13.70%
科技服务业	16.00%
软件和信息技术服务业	37.30%
互联网和相关服务业	78.30%

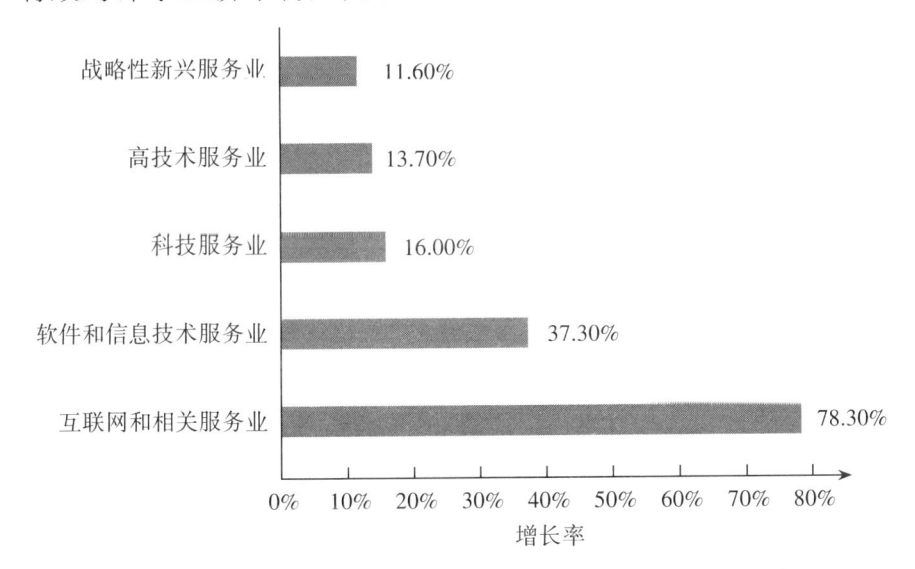

图2-5 2020年1—11月成都数字服务业分产业增加值分布情况

3.数字农业生态圈初步形成

成都加快推进实施乡村振兴战略,以"现代农业园区数字化"和"数字农业试点示范"建设为重点,推进农业农村现代化,建成了一批产业特色鲜明、设施装备先进、生产方式绿色、链条协同完善、资源要素集聚、经济效益显著、"人城境业"和谐的现代农业园区。截至目前,建立了7个市级现代农业产业功能区和60个现代农业园区,产业生态圈初步构建,都市现代农业发展综合水平位列全国33个大中城市第3位[1]。其中,天府农博园

---

[1] 范锐平.深入推进城乡融合发展 努力探索特大中心城市农业农村现代化之路[J].先锋,2021(3):14-18.

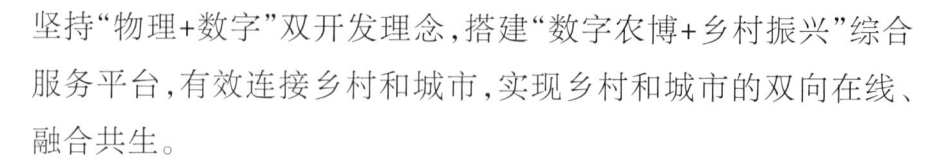

坚持"物理+数字"双开发理念,搭建"数字农博+乡村振兴"综合服务平台,有效连接乡村和城市,实现乡村和城市的双向在线、融合共生。

4. 网络视听产业快速发展

成都网络视听产业集聚了大量优质的人才、资源、项目和资本,在推动数字产业化进程中,更将网络视听产业作为优化经济结构、推动经济高质量发展的重要方向,促进成都在游戏电竞、网络音乐、影视动漫等细分领域形成规模优势,已初步形成较为完整且具有成都特色、以内容传播为核心的网络视听产业链条。

上游内容制造环节,音乐创作领域培育出咪咕音乐、晓音数娱、花生米音乐文化等本土企业,动漫制作领域拥有以可可豆动画、艾尔平方、墨镜天合等为代表的知名企业,游戏研发领域集聚完美天空、金山、尼毕鲁、天象互动等领军企业,影视制作则拥有峨影集团、成都影视硅谷集团、峨媒派等重点企业。中游内容服务领域影响力初步形成,相关标上企业达224家,传播平台相关企业共有199家,电商直播平台30家。下游领域,拥有实力领先的线上内容消费平台和丰富多元的线下消费业态,推动周边衍生消费潜力持续释放。

总体来看,在成渝地区双城经济圈建设战略牵引下,成渝地区数字经济呈现出加速发展的良好态势,总量规模和增长速度均居我国城市发展前列,成都、重庆"双核辐射"数字经济总体格局基本形成。重庆和成都作为成渝地区双城经济圈中的两个极核城市,依托建设国家数字经济创新发展试验区、国家新一代人工智能创新发展试验区战略机遇,在"数字产业化"和"产业数字化"两方面双轮驱动,推动两地数字经济和实体经济实现深度融合,并取得了显著发展成效。

第二节 成渝地区数字产业发展障碍

一、重庆数字产业的发展障碍

近年来,重庆加快推动数字产业化、产业数字化,促进数字经济和实体经济融合发展,充分挖掘大数据商用、政用、民用价值,全市数字产业呈现加速发展的良好态势。但是,数字产业链整体层次较低、数字化转型技术支撑能力不足、关键基础材料等存在较强进口依赖及企业缺乏数字化转型动力等因素,限制了重庆数字产业进一步发展壮大。

(一)数字产业链整体层次较低

重庆通过大数据智能化战略,在汽车、电子信息等产业链的完善方面成效显著。但整体来看,重庆数字产业发展仍面临着产业层次不高的问题,数字产品主要集中在中低端领域,附加值不高,影响了重庆数字产业整体竞争力的提升。以笔记本电脑为例,重庆作为全球重要的笔电生产基地,笔电产业链供应链相对齐全,但是,仍面临产业"大而不强、全而不精"的困境,导致"重庆造"笔记本均价低于广东、江苏等东部发达地区甚至全国平均水平。如图2-6所示,2021年1—5月,我国笔记本电脑出口均价在451万美元/万台,而重庆笔记本电脑出口均价在358万美元/万台左右。因此,重庆亟需提升数字产业链层次,加强质量品牌建设,提高数字产品附加值。

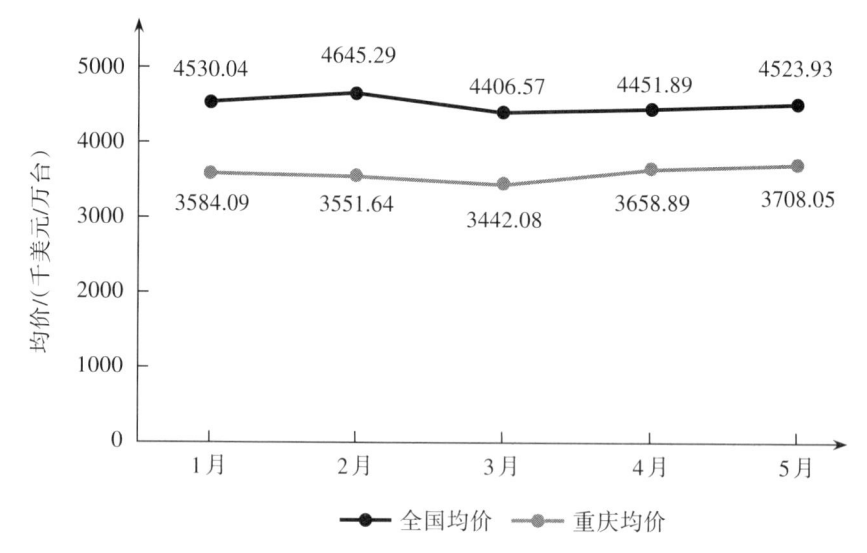

图2-6　2021年1—5月全国和重庆笔记本电脑出口均价统计

(二)数字化转型技术支撑能力不足

重庆数字技术应用较为广泛,但在核心技术基础研究方面短板突出,数字产业核心技术面临"卡脖子"问题,导致数字化转型创新支撑有所不足。从全国来看,重庆智能网联汽车已形成整车研发+测试验证双龙头格局,但在感知部件、车路协同、系统软件、高精地图等系统零部件方面较为欠缺。另外,本土工业软件企业数量较少,缺乏具备较强系统解决方案供应能力的集成商和物联传感设备生产制造企业,导致工业智能化控制集成与工业应用软件开发等能力欠缺。就目前情况来看,重庆软件企业多从事系统集成、运行维护等环节,软件产品市场占有率、技术含量不高,行业利润低。在CAD、CAE、CAM等研发设计类、生产控制类软件市场缺乏话语权,难以走通"渐进式升级"发展之路。数字化转型技术支撑能力的不足,限制了重庆产业数字化转型深入发展。

(三)数字产业关键基础材料存在较强进口依赖

重庆装备制造业中的高端装备及电子信息制造业中的电子元器件占比都较低,在关键基础材料、核心基础零部件、高端装备等方面存在较强的进口依赖,如集成电路、存储部件、自动数据处理设备的零件等。《重庆统计年鉴2020》显示,2019年主要进口商品中,集成电路、自动数据处理设备及其部件、存储部件进口总额位列前三名,分别达到126.39亿美元、29.75亿美元和27.93亿美元,占全年货物进出口总额7%左右,2020年这三项产品进口额达199.67亿美元(如图2-7所示),占计算机、通信和其他电子设备制造业营业收入的1/5以上。在中美经贸摩擦、新冠肺炎疫情的冲击中,重庆关键基础材料进口依赖度较高,可能导致电子信息等产业面临断链的考验,不利于数字产业链、供应链的稳定。

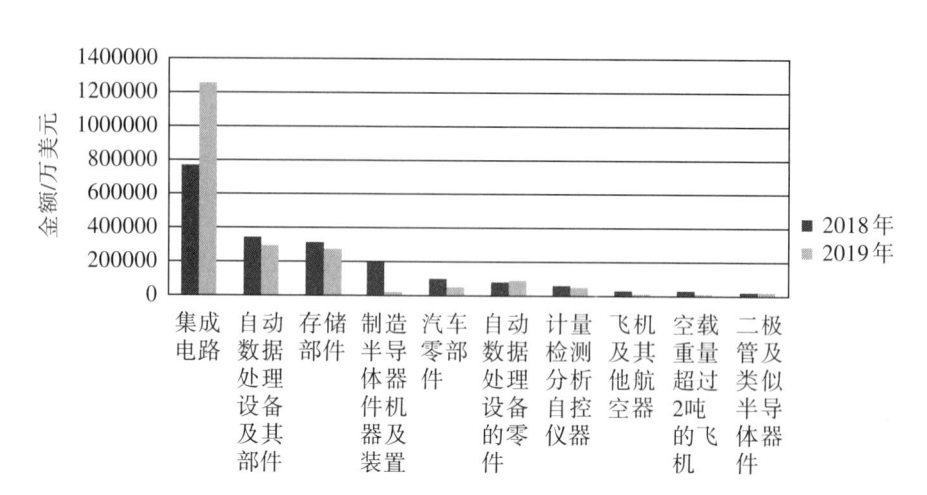

图 2-7　2018—2019年重庆商品进口金额前十类

(四)传统企业缺乏数字化转型动力

作为全国重要的制造业基地和内陆开放高地,重庆前瞻性布局智能制造、大数据、人工智能等相关领域,引进阿里巴巴、腾讯、百度、科大讯飞等全国行业领军企业,重点培育长安汽车、猪八戒网、云从科技等本土龙头企业,形成了一些具有全国影响力的智能化示范大企业、大项目"亮点"①。然而,由于缺乏支持中小企业智能化转型的专项政策,在龙头企业率先智能化发展过程中相对忽视供应链的本地化,以及中小企业出于对智能化升级改造投入成本与经济收益的考虑,传统企业缺乏智能化改造转型的积极性。在2018年开展的技术创新民营企业调查中,24.1%的企业认为创新成本高,

---

① 余川江,张丽娜.竞争力视角下重庆市发展智能制造的中小企业路径[J].重庆行政(公共论坛),2018,19(4):61-62.

36.1%的企业认为缺乏资金支出。进一步细分研究发现,6.4%的民营企业认为缺乏风险投资,16.0%的民营企业认为缺乏银行贷款。创新成本高、缺乏资金,尤其是缺乏外部资金支持,严重制约了民营企业创新活动的开展,导致中小企业智能化转型滞后。

二、成都数字产业的发展障碍

成都以"数字产业化"和"产业数字化"两大方向为抓手,积极探索基于数字逻辑的新型生产关系优化路径,建立健全数字经济要素流通机制,推动数字资源高效配置和高效增值。但是,数字产业总体规模相对较小、数字企业核心竞争力相对缺乏、产业数字化融合度相对较低、科技成果转化效能有待激发等因素,影响了数字产业整体竞争力的提升。

(一)数字产业总体规模相对较小

成都作为四川中心城市和基础较好的城市,以国家、省级产业园区和平台等为重要载体开展数字产业先行先试,数字产业规模快速扩大。成都市发展和改革委员会发布的数据显示,2021年1—8月,成都数字经济规模达8800亿元,占GDP比重49.72%。但是,数字经济产业总体规模较其他一线城市仍有较大差距。根据中国信通院测量的我国部分省市数字经济规模及发展情况,四川数字经济规模低于广东、江苏等东部沿海地区;数字经济占GDP的比重远低于北京、上海等发达地区。总体来看,数字产业规模相对较小,制约了成都数字产业总体竞争力的提升。

(二)数字企业核心竞争力相对缺乏

成都要实现跃升还面临诸多瓶颈,尤其是数字企业核心竞争力的缺乏,可能制约成都数字企业整体实力的提升。以高端装备制造业为例,成都航空航天装备、先进轨道交通装备、新能源汽车等高端装备产品整体处于产业链的中低端。一些关键、核心装备基本处于缺失状态,特别是高端数控机床、高端工业机器人、智能传感、电子生产成套设备、激光生产成套设备等先进装备。另外,如图2-8所示,在四川上市公司行业结构中,与数字产业密切相关的计算机、通信和其他电子设备制造业,软件与互联网服务产业共25家,合计市值仅为1903亿元,企业核心竞争力远低于一线城市。具体到成都地区,数字企业占比更低。总体来看,数字企业核心竞争力相对缺乏,制约了成都数字产业进一步发展壮大。

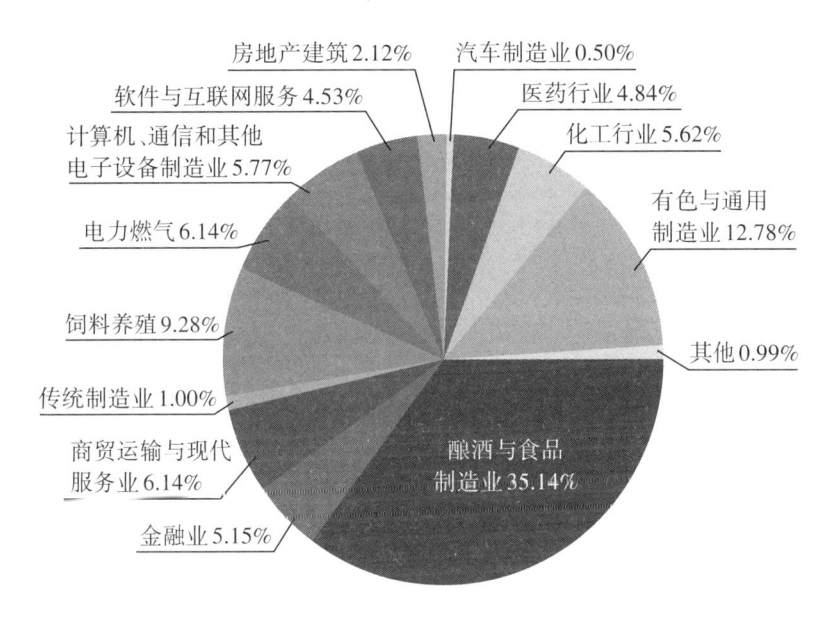

图2-8 四川上市公司行业结构构成

(三)产业数字化融合度相对较低

成都作为新一线城市,应该重点发挥数据生产要素的作用,大力推进科技创新,推进数字经济和产业的深度融合,壮大新增长点,形成发展新动能。但是,就目前情况来看,成都各行业的数字化程度仍相对较低,工业化信息化融合企业实力较弱。一方面,不少企业的数据开发融合层次低。在产业数字化推进过程中,企业对于数据集共享的认知并不深刻,导致企业无法认识到跨区域、跨行业发展的重要性,也没有及时对相关数据进行整合分析,导致数据信息闲置、数据产业链不完整。另一方面,部分企业的软硬件开发还需要完善。数字产业对于配套设备要求较高,然而由于企业技术创新程度、研发成本、运营成本等方面的限制,产业数字化转型动力不足,导致一些高科技设备严重依赖进口,工业数字化发展水平受限[1]。因此,成都数字产业与实体经济的融合度尚有很大提升空间。

(四)科技成果转化效能有待激发

当今世界,科学技术已经成为经济社会发展的决定性因素。成都依托雄厚科技力量和优势科技资源,已成为西部地区发展高技术产业的基地和科技创新的基地,支撑西部地区的经济发展和结构升级。但是,就目前情况来看,成都科技与经济联系不够紧密,"创新—生产—散布—传播—普及"的创新循环还未形成,科技成果与产业的结合有待提升[2]。如图2-9所示,根据《2019年度四川省科技成果转化报告》统计结果,2017—2019年四川省的科研项目数量和成果数量呈上涨趋势。2019年四川全省共有1.43万项科研项目、科技成果2.56万项,但是,全省共转化科技成果3738项,转化率只有14.6%,大多数成果还在院校"沉睡"。成都作为四川省第一大经济体,亟待尽快破除科技成果转化过程中的关隘,进一步激发科技创新成果转化效能。

---

[1] 朱灵.加快数字经济与实体经济深度融合的方法分析——以成都实践为例[J].现代信息科技,2019,3(23):196-198.

[2] 李好.成都:建设"一带一路"创新枢纽[J].先锋,2021(4):62-63.

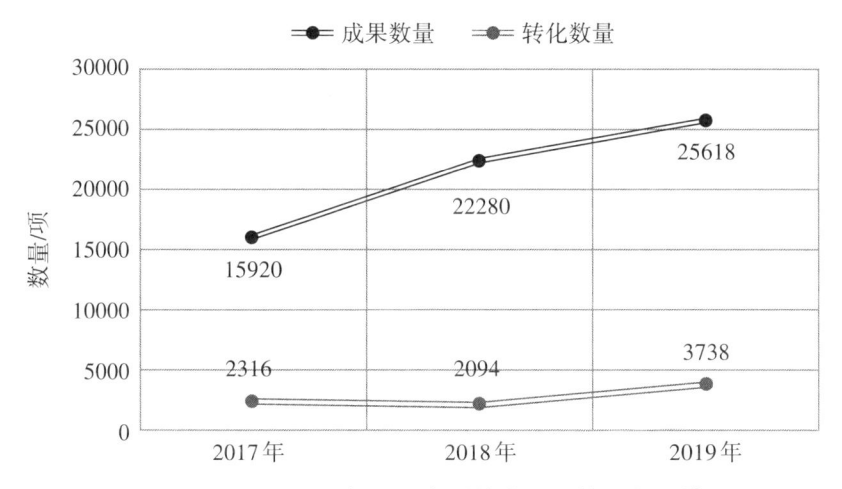

图2-9　2017—2019年四川省科技成果及转化数量情况

通过上述分析可知,成渝地区数字产业发展的障碍,折射出两地需要联手打造完备的数字经济产业链、供应链和创新链,共同打造世界级的数字化产业集群。为此,成渝两地应当在优化整合双城地区数字资源的基础上,协同打造数字经济产业的生态体系与治理体系,实现成渝地区双城经济圈产业链转型和经济高质量发展。

第三节　成渝地区数字产业合作现状及问题

一、成渝地区数字产业的合作现状

成渝地区双城经济圈战略正式提出以来,成渝两地围绕数字产业重点发展方向,统筹推进数字产业一体化建设,联手打造规模化产业集群,协同建立一体化发展先行示范区及增强协同创新发展能力,共同推进工业互联网和数字产业园区建设,共同签订数字产业合作协议及共同强化政府服务一体化等,为推动成渝两地数字产业合作走深走实营造了良好的发展环境。

(一)统筹数字产业合作机制,推进数字产业一体化建设

成渝地区数字产业合作的推进,离不开成渝两地合作机制的保障。近年来,重庆和成都围绕产业链、整合数据链、联接创新链、激活资金链、培育人才链,带动数字生产要素有序流动、公共服务设施共建共享,积极推进数字产业一体化建设。2020年5月,重庆市大数据应用发展管理局与四川省大数据中心签署合作协议,在协同推进数据要素高效流通、智能应用共连共享、建设数字产业集群、建立长效工作制度等多个领域开展深度合

作,形成成渝大数据发展合力。同年8月,又聚焦阻碍成渝地区双城经济圈高质量发展的深层次矛盾和体制性障碍,提出探索经济区和行政区适度分离综合改革、完善川渝自贸试验区协同开放示范区体制机制等11项需川渝两省市协同推进的重大改革举措。成渝各市区也积极推动成渝地区双城经济圈建设暨推进区域协同发展领导小组,推动各项合作事项的落实落地。

(二)锚定数字产业合作共建优势,联手打造规模化产业集群

成渝两地在新一代信息技术、先进制造等主导产业上仍保持高水平发展,在5G应用、集成电路等细分领域的核心竞争力不断提升。上升到产业协作层面,成渝两地正在联手打造具有国际竞争力的电子信息产业集群,建设高水平汽车产业研发生产制造基地,培育世界级装备制造产业集群等。

如表2-3所示,成渝两地聚焦数字化转型及汽车产业、电子信息产业等具体细分产业领域,通过签订《成渝工业互联网一体化发展示范区战略合作协议》《成渝地区双城经济圈电子信息产业高质量协同发展实施方案》等合作协议,共同推动两地汽车产业研发、制造水平加快提升,电子信息产业高质量发展,力争建成世界级先进汽车产业集群和电子信息产业集群,形成高质量发展的区域经济,提升成渝地区双城经济圈战略地位。

表2-3　成渝数字产业协作大事记

时间	合作事项	合作内容
2020年4月	举行成渝地区双城经济圈产业协同发展(制造业)专项工作组第一次会议暨战略合作框架协议签约仪式	工业互联网、汽摩、电子、智能制造、产业园区、消费品等
2020年5月	签订《成渝工业互联网一体化发展示范区战略合作协议》	协同建设工业互联网标识解析体系,合作建设成渝地区工业互联网一体化公共服务平台,共建成渝一体化工业互联网安全体系,强化成渝两地工业互联网创新发展政策协同和联合组建成渝工业互联网产业创新联盟
2020年6月	签订《成渝地区双城经济圈汽车产业协同发展战略合作协议》	提升产业配套合作、加速新兴产业集聚、推动技术创新协作、促进应用示范融合、共享检验检测资源、营造协同发展氛围等
2020年10月	举行成渝电子信息产业战略合作签约暨合作峰会	开展两地国家数字经济创新发展试验区联动,共建电子信息产业及电子信息高端研发制造基地
2020年12月	签订《工业设计产业战略合作框架协议》	共建工业设计园区、推动设计成果转化、加强工业设计产业等
2021年4月	印发《成渝地区双城经济圈汽车产业链供应链工作方案》《成渝地区双城经济圈电子信息产业链供应链工作方案》	进一步推动汽车产业和电子信息产业加强精准对接,强化平台构建
2021年5月	召开推动两地制造业专项工作组2021年第一次会议	围绕深化两地制造业产业链、供应链、创新链协同,共建先进制造业集群进行对接

续表

时间	合作事项	合作内容
2021年6月	举行成渝地区八方协同建设世界级先进装备制造产业集群暨地方产品推介会	重庆渝北、江北、江津、永川及四川成都、德阳、眉山、资阳将共建两地装备制造产业集群

（三）发挥毗邻地区区位优势，协同建立一体化发展先行示范区

成渝地区重视发挥毗邻地区良好的先行和示范作用，借力推动成渝地区双城经济圈数字产业的一体化发展。依托西部科学城建设，成渝两地以毗邻地区协同发展为抓手，积极构建遂潼川渝毗邻地区一体化发展先行区、川渝高竹新区等20个成渝"双圈"产业合作示范园区，协同打造电子信息、汽车摩托车、装备制造、消费品、材料、生物医药等重点产业集群[1]，积极培育数字医疗、无人驾驶等应用场景，形成了"基础研究—技术创新—产业创新"的数字经济全链条。同时，以提升科技创新能级为导向，以成都高新区与重庆高新区为平台，共同发挥引领示范作用，构建"两极一廊多点"创新格局。"两极"即以成都高新区为支撑的中国西部（成都）科学城、以重庆高新区为核心的中国西部（重庆）科学城。"一廊"即成渝科技创新走廊，涵盖成渝地区12家国家高新区，承载创新成果转化、高新技术产业化功能。"多点"即成渝地区多个创新功能区和创新节点。毗邻地区一体化发展先行区的

---

[1] 杨丹辉，戴魁早，赵西三，等.推动中国全产业链优化升级[J].区域经济评论，2021(2):5-16.

示范作用，为成渝地区数字产业的发展定位与协同布局提供了重要借鉴意义。

（四）聚焦新基建领域，增强协同创新发展能力

新基建是数字经济发展的基础保障和重要支撑，成渝地区积极落实国家区域协同发展战略，把握新基建机遇，深入实施"5G+"计划，加快壮大新一代信息技术，推动5G、工业互联网、大数据中心的布局建设，推进信息基础设施互联互通，助力成渝地区数字产业蓬勃发展。2020年以来，中国电信四川公司与中国电信重庆公司通力协作，加快推进5G网络建设。截至笔者完稿时，川渝电信共建成3.45万个5G基站，实现川渝地区主要城区和重点区域5G网络全覆盖；中国电信四川公司、重庆公司已在成渝地区双城经济圈区域建成一张低时延、超高速、一跳直达的ROADM光网络，提供100G以上速率×96波的传输能力，支撑建成西部领先的"川渝陕"大型数据中心[1]。

同时，成渝两地聚焦建设科技创新共同体，积极打造西部科技创新中心。2020年8月，2020年度川渝联合实施重点研发项目申报工作启动，重点聚焦人工智能、大健康两个领域共性关键核心技术，两地共同出资2000万元，探索科研资金跨省使用模式，引导两地创新主体强化协同创新。同年，发布规模50亿元的"成渝双城经济圈科创母基金"，设立300亿元双城经济圈发展基金、20亿元西南首支成果转化股权投资基金等，为科技创

---

[1] 周序.夯实信息化支撑 下好成渝一盘棋——重庆电信助力成渝双城经济圈建设[J].中国电信业,2020(11):60-61.

新积极"输血",提供资金支持①。

综上所述,乘着成渝地区双城经济圈建设的东风,成渝两地数字产业合作不断升温,数字产业一体化发展先行示范区建设进程不断推进,数字技术协同创新能力加快提升,数字产业合作机制不断完善,为加快构建内陆开放新高地、助力"双循环"新格局做出了重要贡献。

二、成渝地区数字产业合作存在的问题

成渝地区数字产业合作进程不断深入。但是,由于重庆市与成都市分属两个不同的行政辖区,在数字产业协同布局中,成渝两地不可避免地会遇到数字产业协同发展机制不健全、区域经济发展水平不平衡及数据跨区域流通安全保障机制不健全等问题。这些问题阻碍了成渝地区数字产业的深度合作。

(一)数字产业协同发展机制有待健全

成渝两地积极响应国家重大战略部署和数字经济时代要求,促进数字产业优势资源整合及产业深度对接。但是,由于行政区划的限制,成渝地区在推动数字产业发展中依然面临协同发展机制尚待健全、统筹力度有待加强的难题。目前,成渝两地

---

① 董建国.担当作为抓机遇 凝心聚力谋发展 加快推动成渝地区双城经济圈建设[J].重庆行政,2020,21(6):13-16.

已建立不少项目规划和合作方案,但更需要跨区域沟通协调机制去维护和督促政策规划的落地落实。在数字产业分工与布局、交通系统的处理、生态环境的治理与保护等重大问题上,仍需要建立具有强制执行力的跨区域管理机构和司法体系保障。

区域间利益共享机制的缺失使得企业缺乏强劲的合作动力。在难以判断地方保护和贸易壁垒是否会干预要素自由流动的前提下,部分企业跨区域合作意愿不强烈。同时,由于周边区县的市场开放程度较低,生产要素流动机制相对不健全,跨区域协同发展的惠及度较低,资本等要素的逐利倾向限制了部分产业资源从成渝两市流向周边,导致区域间通过市场化力量进行深度合作和交流的机会较少。

(二)数据跨区域流通安全保障机制有待完善

随着各行业数字化转型建设加速推进,大量数据归集整合和共享流通,使得数据应用场景复杂、跨域交互频繁、数据结构多样。同时,在大数据、云计算、AI等信息技术驱动下,数据的传输共享和关联推理易于实现。但是,这也给数据治理和安全防护带来挑战。数据关联聚合带来的隐私保护问题、数据确权问题、数据监管问题,成为成渝地区数字产业深化合作的现实障碍。积极探索以数据要素为突破,构建成渝地区双城经济圈要素一体化配置体制机制,将成为加快成渝地区双城经济圈要素市场和推动成渝地区数字产业协同发展的重要路径。

(三)区域经济发展水平差距有待缩小

成渝地区面积18.5万平方千米,2019年常住人口9600万人,但区域内部人口和经济的空间分布差异显著,重庆主城区和成都主城区"双核"及辐射形成的两个都市圈具有显著优势,是双城经济圈的"龙头"。但是,"双核独大"导致"中部塌陷"格局明显,影响了成渝地区数字产业协同布局。2020年,成都主城包括锦江区、青羊区、金牛区、武侯区、成华区在内的5个中心区GDP达6116.2亿元,占总GDP的37%[①];重庆渝中区、大渡口区、江北区、沙坪坝区、九龙坡区、南岸区、北碚区、渝北区、巴南区在内的9个中心城区GDP为9822.05亿元,占重庆总GDP的50%。在城镇化率方面,重庆主城和成都主城分别达到91%、74.4%,渝西川东9区市平均仅为57%左右。

新兴产业的发展有赖于庞大而高效的市场,但成渝地区发展不平衡、不充分使得落后地区产业数字化转型基础薄弱,产业基础设施和数字产业发展软环境不完善,进而导致生产要素向高回报率地区汇聚,区域内不平等现象进一步加剧,严重影响成渝经济圈内数字产业协同布局。

[①] 胡江霞.成渝双城经济圈互联互通发展存在的障碍分析[J].经济界,2021(3):3-7.

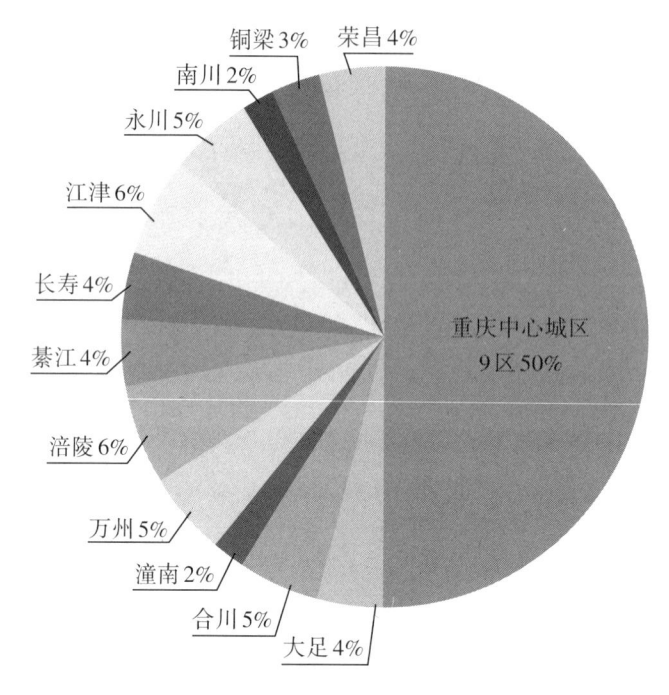

图2-10 重庆主城区各区县GDP占比情况

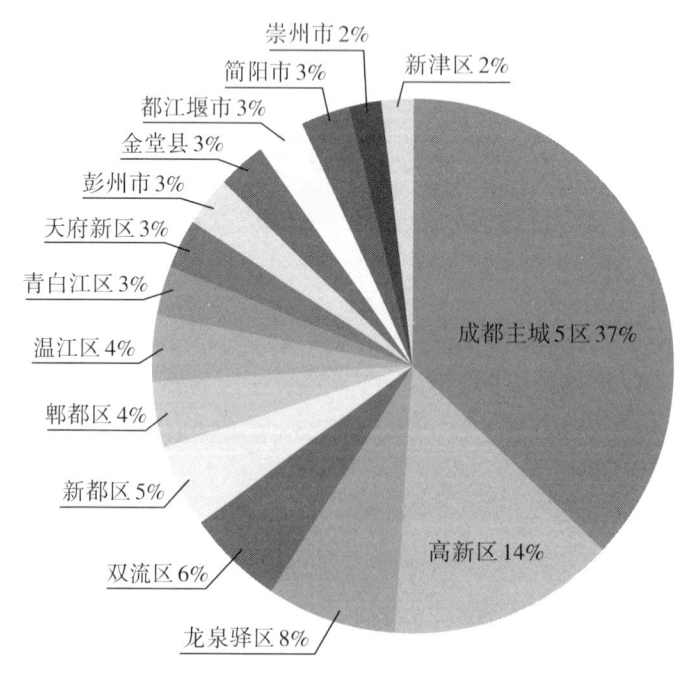

图2-11 成都中心城区各区县GDP占比情况

(四)市场力量驱动数字产业协作动力有待强化

纵观城市群发展经验,世界级城市群的建设无不是市场力量和政府作用共同发力的结果,市场力量是决定性的,政府作用是关键性的。但是,由于行政区划限制和市场分割等因素,成渝地区间数字平台缺乏高效对接,影响了市场力量参与数字产业协作的积极性。

1. 缺乏数字信息共享平台

数字信息共享平台在小微企业创新浪潮中扮演重要的角色。作为多主体力量整合的纽带,共享平台能够集聚、整合、分享产业链资源,可以帮助企业进行精准用户画像、提供客源基础、收集用户反馈,更好地满足多样化、个性化需求,还能通过规模效应实现服务降本增效。然而,成渝地区缺乏数字共享平台,这严重阻碍了两地数字企业的需求对接和合作进展。

2. 缺乏数字交易平台

数字交易平台是联接数据生产和数据消费的重要纽带。近年来,贵阳、上海、武汉等地陆续建立了大数据交易平台,成渝地区虽然是西南部地区经济社会发展的"领头羊",但数据要素市场的发展却十分缓慢,与先发城市存在差距,更与成渝地区的数字经济影响力不匹配。2021年1月,四川明确提出建设四川数字资产交易中心。该中心可打通线上线下沟通渠道,是实现数据要素自由流通的重要平台,也是四川省发展数字产业的重要支撑。但该平台仅局限于整合四川省相关数据资源,并未真正实现川渝地区间数据的共享开放、数据区域间的流动,以及释放数据的潜在价值①。

总体来看,成渝地区数字产业分工合作格局初显,产业协同一体化发展正迈出坚实步伐。但是,由于重庆和成都分属两个不同的行政辖区,数字产业协同发展机制仍有缺失、区域内经济发展水平差距相对较大及数据跨区域流通安全保障机制有待完善、市场力量驱动数字产业协作动力有待强化等问题限制了成渝地区数字产业的进一步合作。未来,推动建立多层次合作机制,破除成渝地区数字产业协同发展制度障碍,是成渝地区数字产业发展定位与协同布局的关键路径。

第四节 成渝地区数字产业布局的同质化问题

成渝地区双城经济圈建设战略提出以来,成渝地区数字产业蓬勃发展,川渝相向开放合作势头强劲。但是,由于成渝地区历史渊源深厚,资源禀赋、区位条件大致相当,成渝地区产业同构化现象较为突出,低水平重复建设和数字产业合作契合度较低等问题较为突出,尚未形成跨区域产业联动协同发展模式。尤其是川渝两地的制造业结构趋同,在集成电路、新型显示、智能终端、新一代信息技术等细分领域存在同质化

---

① 郭涛.关于四川省建设数字资产交易中心的思考[J].决策咨询,2021(4):15-17.

竞争和资源错配现象。学者李优树利用产业同构系数,选取了成渝两极核城市与环成都经济圈共计9个城市2017年的数据,对成渝地区产业结构进行了验证①。产业同构系数计算公式如下:

$$S_{xy} = \frac{\sum(Z_{xn} \times Z_{yn})}{\sqrt{\sum Z_{xn}^2 \times \sum Z_{xn}^2}}$$

其中,成渝两地分别用 x 和 y 表示,Z_{xn} 和 Z_{yn} 则分别表示行业 n 在 x 和 y 的产业比重;S_{xy} 表示两地区之间的产业结构相似系数,其取值在0—1之间。当 $S_{xy}=1$ 时,两地区之间的产业结构完全相同;当 $S_{xy}=0$ 时,两地区之间的产业结构完全不同;当 S_{xy} 越趋近于1时,两地区产业结构差异越小,同构化程度越高;当 S_{xy} 越趋近于0时,两地区产业结构差异越大,同构化程度越低。

产业同构系数测算结果显示,成渝两极核城市以及环成都经济圈各城市之间的产业同构系数均在0.9以上,且绝大多数超过0.96。这说明成渝地区产业同构现象突出。重庆、成都之间的产业同构系数更高达0.9977,这与两地的支柱产业(如电子信息产业、装备制造业等产业)重合度高相符合。成渝地区在工业产业体系布局中的同质化现象尤为突出。在成都"十三五"规划的先进制造业产业体系和重庆"十三五"规划的工业化产业体系中,两地仅在航空航天、物联网等产业布局上稍有区别。同时,成渝两地都高度重视电子信息产业、汽车产业及高端装备制造

---

① 李优树,冯秀玲.成渝地区双城经济圈产业协同发展研究[J].中国西部,2020(4):35-45.

产业的发展。

究其主要原因,首先是交通与经济融合度不够,降低了产业分工协作效应。如汽车行业,成都背靠8000多万人的内部大市场,有明显的市场优势,还可作为生产加工中心或销售服务中心向整个西南地区辐射;重庆是全国汽车重要生产基地,但对成都市场与服务的依存度较低。各具优势的双城却难以有机整合形成整体优势。产业分工的基础是市场与产业关联,是市场的一体化和生活的同城化,但由于长期以来交通条件所限,成都与重庆经济联系并不紧密,结果当然是产业分工协作受阻。

其次是成渝两地在产业发展上自成体系、自我配套,导致产业链分工趋同、区域产业结构重复建设、数字产业园区定位同质化现象较为严重。产业链的重叠使两地不断加大政策筹码,争夺招商企业和项目,致使经济圈内的规模集群效应不仅没有充分显现,反而因重复建设浪费资源,阻碍了整体合力的发挥,延缓产业升级步伐,弱化持续合作后劲。同时,两地产业分工协作不充分,跨区域发展难以实现有机关联,削弱了对周边城市群及次级城市中心的辐射带动作用,进一步降低了成渝地区双城经济圈面临新的外部形势时的抗风险能力,制约了区域整体发展水平和深化潜力。

正如前文所述,在国际贸易保护主义思潮和新冠肺炎疫情肆虐的背景下,全球产业链深度重构已不可避免,对产业链的争夺将重塑世界经济地理。成渝地区地处内陆,经济承载能力强,将是下一步我国产业链布局的重点区域。在这个过程中，成渝两地要充分发挥"极核"效应，继续强化数字产业的合作共建，并通过数字产业的优势互补、扬长避短、错位发展，强化数字产业的发展定位与协同布局，有效避免产业同质化竞争，打通成渝地区双城经济圈建设"双循环"，支撑国家经济安全。

第三章　成渝地区数字产业的发展定位研究

DI-SANZHANG　CHENGYU DIQU SHUZI CHANYE DE FAZHAN DINGWEI YANJIU

第三章　成渝地区数字产业的发展定位研究

当前,在全球新一轮科技革命和产业变革孕育兴起的背景下,我国各区域积极贯彻落实党中央、国务院决策部署,依托自身优势探寻适合当地特色的数字经济发展之路。成渝地区数字产业取得巨大发展成效,也得益于抢抓成渝地区双城经济圈建设和国家数字经济创新发展试验区两个重大发展机遇,并立足自身数字产业发展优势,明确数字产业发展定位,合理布局数字产业体系。

第一节　成渝地区数字产业体系布局特征

一、重庆数字产业体系布局特征

经济下行压力之下,重庆作为老工业城市,既面临汽车、电子等传统产业转型升级的迫切需求,也亟待引进培育高技术产业。

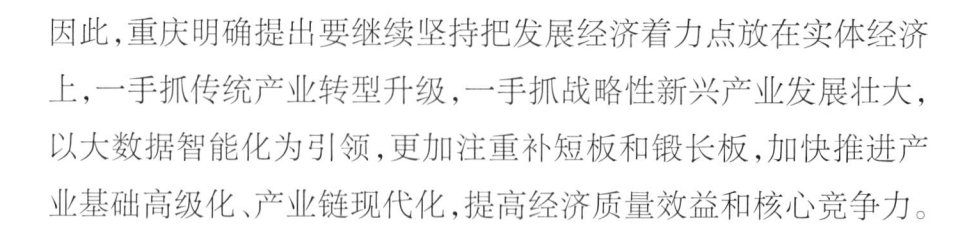

因此,重庆明确提出要继续坚持把发展经济着力点放在实体经济上,一手抓传统产业转型升级,一手抓战略性新兴产业发展壮大,以大数据智能化为引领,更加注重补短板和锻长板,加快推进产业基础高级化、产业链现代化,提高经济质量效益和核心竞争力。

(一)突出支柱产业数字化转型,高质量发展特征明显

受周期性市场变化因素影响,国内部分产业进入饱和期,"天花板"效应显现,特别是全国汽车产销出现负增长,对重庆汽车支柱产业形成强烈冲击。同时,受长期积累的结构性矛盾影响,重庆面临传统产业亟待升级,新兴产业发展不足,中低端产品相对过剩,高端产品供给不足,投资拉动、传统要素驱动效应递减,新动力支撑不足等问题。因此,重庆聚焦中小企业数字化转型需求和传统行业提质赋能发展,突出支柱产业数字化转型,推进社会经济高质量发展。

如表3-1所示,在数字化工业领域,提出实施企业"上云用数赋智"行动,推动工业互联网创新发展,打造数字技术典型示范应用场景等,实现传统工业转型升级;在数字化建筑业领域,加大智能建造在工程建设各环节的应用,推动数字技术赋能现代建筑业发展,构建智能建造产业体系;在数字化服务业领域,发展生产性服务业为重点,加速传统服务业线上线下融合发展,探索众包设计、智慧零售、智慧旅游、智慧会展、数字金融等新业态;在数字化农业领域,利用数字技术积极构建面向农业农村的信息服务体系,加快农业生产、经营、管理、服务数字化转型。总体来看,重庆积极推动数字技术在支柱产业转型升级中的应用,实现产业数字化发展。

表3-1 重庆支柱产业数字化转型重点方向

产业领域	重点方向
数字化工业	实施企业"上云用数赋智"行动,推动工业互联网创新发展,培育引进一批综合型、行业型、专业型、特色型工业互联网平台,打造数字技术典型示范应用场景,推动数字化车间、智能工厂建设和产业园区数字化改造,培育数字化管理、个性化定制、网络化协同等融合发展新模式
数字化建筑业	聚焦现代建筑产业和装配式建筑发展,加大智能建造在工程建设各环节的应用,推进智能建造和建筑工业化协同发展,构建智能建造产业体系
数字化服务业	加速传统服务业线上线下融合发展,探索众包设计、智慧零售、智慧旅游、智慧会展、数字金融等新业态
数字化农业	构建面向农业农村的信息服务体系,加快农业生产、经营、管理、服务数字化转型

(二)培育数字新兴产业,壮大发展新动能

重庆围绕全球科技革命和产业变革方向,积极推动战略性新兴产业集群化、融合化、生态化发展,打造战略性新兴产业发展新引擎。如明确提出围绕新一代信息技术、新能源及智能网联汽车、高端装备等重点领域,集中优势资源培育一批产值规模超千亿的产业集群和基地,带动全市战略性新兴产业规模迈上万亿级;推动互联网、大数据、人工智能等与产业深度融合,培育新技术、新产品、新业态、新模式;推动前沿技术、颠覆性技术创新和成果转化,积极构建先进技术应用场景和产业发展微生态,加快在空间互联网、生命科学等领域实现产业化、商业化,抢占产业发展先机。

如表3-2所示,重庆积极以数字技术引领战略性新兴产业发展,布局战略性新兴数字产业重点发展方向。在新一代信息技术方面,重点突破"卡脖子"技术瓶颈,发展芯片、新型显示、工业软件及信息安全软件等;在新能源及智能网联汽车方面,积极响应国家战略要求,大力发展纯电动、插电式混合动力等新能源汽车,发展动力电池、驱动电机等关键零部件;在高端装备方面,积极发挥制造业优势,推动工业机器人、数控机床轨道交通车辆、智能电网装备等新能源装备、通航发动机等高端装备关键零部件的生产。

表3-2 重庆战略性新兴数字产业重点方向布局

产业类别	重点领域
新一代信息技术	人工智能芯片、硅基光电芯片等半导体,新型显示产品及内容,新型智能终端,新型电子元器件,工业软件、信息安全软件等
新能源及智能网联汽车	纯电动、插电式混合动力、氢燃料电池整车,车辆控制核心软件,车规级芯片,辅助(自动)驾驶系统,动力电池、驱动电机
高端装备	工业机器人,数控机床,轨道交通车辆,风力发电机组、智能电网装备等新能源装备,通航发动机等高端装备关键零部件

(三)补齐数字产业发展短板,提升产业链供应链稳定性

经济运行的底线就是产业链、供应链不断链,国民经济循环不停顿。为此,重庆强调加快补链、延链、强链步伐,提升产业链供应链的稳定性和竞争力。通过全面推进"链长制",分链条做

好供应链战略设计和精准施策,加快建设汽摩、电子、材料等产业供应链公共服务平台,以此推动全产业链优化升级。加大重要产品和关键核心技术攻关力度,着力突破核心基础零部件、核心电子元器件、工业基础软件、关键基础材料、先进基础工艺和产业技术基础等领域瓶颈,发展先进适用技术,开发硬核产品,推动产业链供应链多元化。深化品牌、标准化、知识产权战略,深入开展质量提升行动,加快建设质量强市,健全检验检测公共技术服务平台,提升重庆制造的影响力和竞争力;深入实施"大手拉小手"行动,培育一批产业生态主导型企业,推动"专精特新"中小企业集聚发展。

总体来看,重庆在数字产业体系布局中,突出支柱产业数字化转型升级,加快培育数字产业,注重补齐数字产业发展短板,积极提升产业链供应链稳定性,构建了完善的数字产业体系布局。

二、成都数字产业体系布局特征

《成都市国民经济和社会发展第十四个五年规划和二〇三五年远景目标纲要》明确提出,要坚持把发展的着力点放在实体经济上,突出创新引领、协同发展,注重补短板和锻长板,不断推动产业发展向中高端迈进,增强"成都制造"在全球价值链中的影响力和控制力,支撑"成都创造"参与国际合作和竞争新优势更加凸显,促进"成都服务"全球配置力和吸引力显著提升,推动"成都新经济"成为经济发展主动能。因此,成都强调突出发展先进制造业,加快发展现代服务业及培育壮大新经济和未来经济形态,助推高质量发展。

(一)积极推进制造业数字化转型,建设先进制造业产业集群

对成都而言,推进制造业数字化转型升级不仅是供给侧结构性改革的主战场,也是经济发展的现实需要,先进制造业要勇担成都建设全面体现新发展理念的国家中心城市的重任。为此,成都提出加快制造业数字化转型升级,建设具有国际竞争力的先进制造业产业集群。

如表3-3所示,成都以构建产业生态圈和产业功能区建设为抓手,布局电子信息、汽车制造装备制造等先进制造业,加快构建现代化开放型产业体系,推动制造业高质量发展。在电子信息产业方面,聚焦打造全球电子信息先进制造基地和世界软件名城,重点推动集成电路、新型显示、信息安全、软件产业等领域发展[①];在汽车制造业方面,建成中国西部重要的汽车产业基地和具有全球影响力的国际汽车城,积极发展新能源汽车及电池、电控、电机等关键零部件,清洁能源汽车,智能网联汽车;在装备制造方面,以提高机械加工智能化制造水平和产品质量性能为切入点,推动高档数控基础和基础制造装备、高端装备主要

---

① 董琛,董建忠.2020年我国各省份电子信息产业重点布局分析[J].山西科技,2020,35(3):25-28.

功能部件和关键零部件、智能成套装备和生产线发展。此外,还积极推动数字技术在航空航天、轨道交通领域的应用,推进航空航天产业设计、研发、制造、试验等关键核心技术攻关及先进轨道交通整车、轨道交通装备及核心部件、新型轨道系统和新材料的研发。

表3-3 成都市制造业数字化转型重点领域

产业类别	产业目标	重点领域
电子信息	打造全球电子信息先进制造基地	集成电路、新型显示、信息安全、软件产业、智能终端、网络通信、应用电子、物联网
	建成世界软件名城	
汽车制造	建成中国西部重要的汽车生产基地	中高档品牌乘用车及零部件、新能源汽车及电池、电控、电机等关键零部件,清洁能源汽车,智能网联汽车
	建成具有全球影响力的国际汽车城	
装备制造	提高机械加工智能化制造水平和产品质量性能	高档数控基础和基础制造装备、高端装备主要功能部件和关键零部件、智能成套装备和生产线
航空航天	建设国际知名的中国航空城	航空航天产业设计、研发、制造、试验等关键核心技术攻关
轨道交通	建成轨道交通之都	先进轨道交通整车、轨道交通装备及核心部件、新型轨道系统和新材料

(二)加快推进服务业数字化,培育数字服务新业态

当前,服务业成为经济社会发展新引擎,尤其是现代服务业对社会发展的支撑带动作用日益显著。2020年6月9日召开的

四川省服务业发展大会中,省委书记彭清华强调,促进消费挖潜升级推动服务业加快恢复,持续用力推进现代服务业强省建设,既是立足当下的现实需要,也是着眼长远的战略之举。在具体实践中,成都强调大力发展数字新零售,持续培育直播电商、社区电商、跨境电商等消费新业态新模式,推动电商(跨境)产业带数字化转型,建立一批数字商务公共服务平台。扩大和升级信息消费,培育发展移动支付、"互联网+健康"、在线教育、电子竞技等信息消费,培育省级消费体验中心。

(三)大力发展数字化农业,打造都市现代农业生态圈

发展数字农业,是进一步解放和发展农村生产力的有效途径,是实现农业现代化的必由之路。成都多年深入推进电子政务、智慧城市、两化融合、信息消费,积淀了丰富的涉农数据资源。在布局数字产业体系中,成都依托丰富的数据资源,提出实施"农业+"行动,积极推进都市现代高效特色农业数字化变革,加快发展农村电商、智慧农业等,推进"短视频+网红"等农产品线上线下融合销售模式,加强数字农业试点示范和数字农业产业功能区建设。如表3-4所示,成都通过布局天府现代种业园、中国天府农业博览园、蒲江现代农业产业园等现代农业产业功能区,充分发挥数字农业产业功能区优势,以及在成都现代农业版图中的定位,以农商文旅体融合发展为核心,推进全产业链发展,强链补链、聚链成圈,推动都市现代农业产业生态圈在产业融合、创新服务、平台建设、管理体制等方面取得突破,优化空间结构,重塑经济地理。

表3-4 成都数字农业产业功能区定位及发展重点

产业功能区	产业功能区定位	发展重点
天府现代种业园	打造"中国西南种业中心"	围绕现代种业产业生态圈建设,瞄准"研发、生产、推广、服务"四个核心关键环节发力,构建种业科创平台,培育产业核心竞争力
中国天府农业博览园	构建服务全川的农业博览综合服务平台	以"永不落幕的田园农博会盛宴、永续发展的乡村振兴典范"为定位,打造农业博览综合服务平台和农业科技创新服务平台
蒲江现代农业产业园	构建"川果"产业生态圈	以"有机绿谷,世界果园"为定位,打造"川果"主导产业功能区
温江都市现代农业高新技术产业园	筑梦现代都市农业硅谷	以"现代都市农业硅谷"为目标,以"农创、农旅、农养"融合发展路径,促进生态价值转化,推动乡村产业振兴

(四)培育壮大新兴数字产业,抢占数字经济发展制高点

构建新发展格局的关键是培育新的经济增长点。成都作为国家中心城市,一方面坚持以新经济新动能构筑城市发展新优势,重点发展新产业,创造营造新场景,深化培育新主体,加快建设新载体,协同构建新生态,加快发展新经济,培育壮大新动能;另一方面,坚持全球眼光、战略思维,加快布局以共性技术、共享平台、要素变革、消费升级为牵引的未来经济形态,抢占未来经济发展制高点。

基于资源禀赋、产业基础和发展规划,成都聚焦信息技术产业三大重要领域13个重点方面,推进数字经济重点产业加快发

展[①]。如表3-5所示,在新一代信息技术基础领域,大力发展IPv6、5G、数字终端等下一代信息网络产业,打造国家网络强国战略核心区;在信息技术软件领域,积极发展大数据、云计算、物联网、移动互联网、人工智能、网络信息安全等新兴软件服务产业,建设世界软件名城;在信息技术硬件领域,聚焦集成电路、新型显示、传感控制、智能硬件等电子核心产业,建成国际知名的电子信息产品制造基地。

表3-5　成都数字经济重点产业布局

产业领域	重点产业
新一代信息技术基础领域	发展IPv6、5G、数字终端等下一代信息网络产业
信息技术软件领域	发展大数据、云计算、物联网、移动互联网、人工智能、网络信息安全等新兴软件服务产业
信息技术硬件领域	发展集成电路、新型显示、传感控制、智能硬件等电子核心产业

三、成渝地区数字产业体系布局差异

当前,成渝两地数字产业体系初步呈现出以新一代信息技术为引领,推动电子信息、装备制造等支柱产业转型提质增效,赋能现代服务业、现代农业协同发展。但是,由于不同的产业背

[①] 尹训飞,杨帅.走好科技创新"先手棋"唱好数字经济"双城记"[J].先锋,2020(6):26-28.

景和资源条件,细分领域的差异性凸显。如表3-6所示,成渝两地都大力发展新一代信息技术产业、电子信息产业、先进装备制造产业、数字文创产业、数字服务业和数字农业等数字产业,但是,在数字产业发展重点领域具体布局中,成渝两地产业发展着力点有一定差异。

表3-6 成渝地区数字产业体系布局差异

产业类目	重庆数字产业发展重点领域	成都数字产业发展重点领域
新一代信息技术产业	大数据、云计算、物联网、工业软件服务、网络安全产业	IPv6、5G、数字终端等下一代信息网络产业,移动互联网、人工智能、网络信息安全等新兴软件服务产业
电子信息产业	集成电路、显示面板、智能终端、核心配套零部件及物联网硬件制造、系统集成和运营服务	集成电路、新型显示、智能终端产业、高端软件产业、人工智能产业、信息网络产业
先进装备制造产业	工业机器人、数控机床、轨道交通车辆、新能源装备、通航发动机等高端装备关键零部件	航空航天产业、新能源和智能网联汽车产业、轨道交通产业、智能制造产业
数字文创产业	数字阅读、数字影音、VR/AR游戏、全息展览、绿色印刷、文化智能装备	数字游戏、数字影视、电子竞技、数字音乐、数字内容
数字服务业	软件及信息技术服务业、现代物流业、现代金融业、高端服务业、现代会展业	科技服务、新型(数字)服务、流通服务、商务服务、金融服务、贸易服务和生态环境服务
数字农业	山地特色农业现代化	都市现代农业

(一)成渝两地新一代信息技术产业布局差异

成渝两地积极布局新一代信息技术产业,推动"云联数算用"要素建设。但是,在产业重点发展领域中,成都聚焦IPv6、5G、数字终端等下一代信息网络产业及大数据、云计算、物联网、移动互联网、人工智能、网络信息安全等新兴软件服务产业的发展壮大;重庆在大数据智能化战略驱动下,积极发展新一代信息技术产业,引领数字经济产业高质量发展。

(二)成渝两地电子信息产业布局差异

目前,电子信息产业已成为成渝地区双城经济圈建设的先行产业,围绕共建世界级电子信息产业集群,两地立足自身优势,强化在电子信息产业上协同布局。成都重点发展集成电路、新型显示、智能终端产业、高端软件产业、人工智能产业、信息网络产业,构建以"芯屏端软智网"为支撑的电子信息产业体系;重庆则狠抓重大项目落地,着力补链建链强链,构建"芯屏器核网"产业生态圈,形成包含计算机整机及配套、通信设备、集成电路、新型显示、汽车电子、智能家电、LED及光伏、电子材料和新型元器件等在内的产业体系。

以集成电路产业为例,重庆为打造智造重镇,建设智慧名城,加快打造集成电路创新生态链,出台了重庆市以大数据、智能化为引领的创新驱动发展战略行动计划。目前,集成电路产业已初步形成IC设计、晶元制造、分装测试及原材料的配套体系,新型显示产业基本形成了原材料显示面板模组整机的全产业链(如图3-1所示)。但是,重庆在芯片领域的短板限制了其集成电路产业的进一步发展壮大。因此,在数字产业体系布局中,重庆强调将重点发展功率半导体、储存芯片、人工智能及物联网芯片、新型显示等,着力打造两江新区、重庆高新区两个重点区域,支持有条件的其他区县因地制宜发展半导体产业,形成差异化发展格局,实现"2+N"空间布局,力争突破千亿元,将重庆打造成国内重要的半导体产业基地。

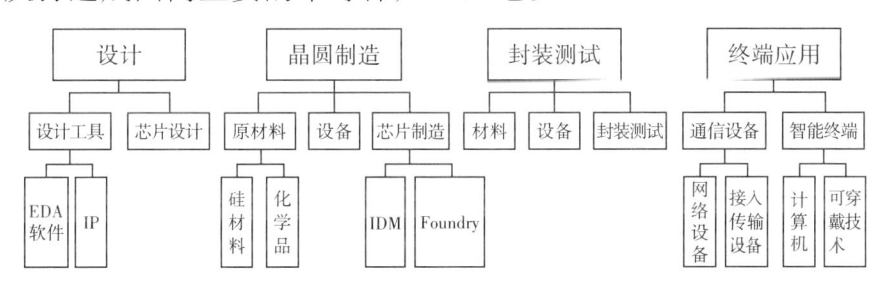

图3-1 重庆集成电路产业链

(三)成渝两地先进装备制造产业布局差异

成渝两地强调充分发挥制造业产业基础优势,积极推进先进制造业高质量发展。如表3-7所示,在具体产业布局中,重庆积极推动工业机器人、数控机床、轨道交通车辆、新能源装备、通航发动机等高端装备关键零部件的发展;成都以发展壮大航空航天产业、新能源和智能网联汽车产业、轨道交通产业、智能制造产业为着力点,提升先进装备制造产业整体竞争力。

表3-7　成渝两地先进装备制造业产业布局差异

产业分类	重庆先进装备制造产业布局	成都先进装备制造产业布局
先进装备制造产业	工业机器人	航空航天产业
	数控机床	新能源和智能网联汽车产业
	轨道交通车辆	轨道交通产业
	新能源装备	智能制造产业
	通航发动机	—

（四）成渝两地数字文创产业布局差异

后疫情时代，国内外各大城市加快发展以文创产业为核心的创意经济、绿色经济、数字经济，不断"加码"数字文创，数字文创已然成为一条新的城市竞争赛道。面临新的发展机遇与挑战，成渝地区积极推进数字文创产业布局，打造中国最适宜数字文创发展城市；重庆抢抓数字经济发展机遇，推动文化与科技深度融合，大力培育数字阅读、数字影音、VR/AR游戏、全息展览、绿色印刷、文化智能装备等新业态。成都经过十多年的谋篇布局，文创产业不断进阶发展。在数字内容方面，强调文创与数字科技的融合，建设中国网络视听内容生产交易中心、中国动漫名城和中国软件名城等数字文化产业基地。总体上，成都数字文创产业有着丰富的生长沃土，数字文创产业成为成都重点发展的支柱产业。而重庆数字文创产业强调发挥数字技术赋能作用，推动旅游业等传统文化产业转型升级。

(五)成渝两地数字农业布局差异

重庆积极探索山地特色农业现代化,以生产绿色化、产业链条化、业态融合化等为要点,构建面向农业农村的信息服务体系,加快农业生产、经营、管理、服务数字化转型,提升农业质量效益和竞争力,带动群众增收,为乡村全面振兴夯实产业之基。成都提出大力发展都市现代农业,加快培育网络化、智能化、精准化现代生态农业和旅游观光农业新模式,推动网络信息技术与农业生产、经营、管理、服务全面深度融合,加快构建现代农业产业体系、生产体系、经营体系,建成智慧农业综合示范区。推动农业物联网、大数据应用,发展基于信息技术的农业生产性服务业。利用电商手段完善农村市场流通体系,促进工业品下乡、农产品进城和网络扶贫。健全农业信息监测和农产品安全追溯体系,推进农业现代化发展,建成都市现代农业示范城市。

从上述分析得知,成渝两地数字产业重点发展方向布局,根据自身优势各有侧重。重庆强调发挥雄厚的制造业基础优势,以产业需求为导向,积极推进以电子信息、装备制造等为主体的工业及建筑业、山地农业等数字化转型升级。成都在数字产业体系布局上,更强调发挥信息技术优势,以技术创新为引领,大力推动先进制造业、都市现代农业等数字化转型需求,并布局数字经济重点产业,发挥信息技术创新支撑作用。总体来看,成渝两地在数字产业体系布局上的差异为成渝地区共建数字经济圈奠定了合作基础。

第二节 成渝地区数字产业空间布局特征

数字经济时代加速了知识、技术、人才、资金等生产要素的时空交换,极大扩展了区域发展的场域。同时,要素流动的时空支配性创造着一种新的时空区位优势,空间扩散和集聚以全新的形式呈现。成渝地区为聚集创新资源、优化产业空间布局,积极部署了一批重大平台建设,初步形成了特色各异、功能明确的数字产业空间布局。

一、重庆数字产业空间布局特征

重庆立足自身功能定位,依托、融汇于"一区两群"协调发展格局,突出区域发展重点,积极构建"一体两翼"的数字产业空间布局,持续释放空间布局优化效应,强力打造数字经济新高地。

"一体"强调以两江新区为主体,重点探索集成电路、新型显示、智能终端、汽车电子、新型软件、大数据、人工智能等数字产业发展,开展汽车、装备制造等产业数字化转型。"两翼"即将重庆高新区、重庆经开区作为两大侧翼。其中,高新区重点探索重大数据技术攻关突破,推动集成电路、新型显示、智能终端、数字内容、软件及信息服务等数字产业集聚,开展国际前沿技术展览展示、国际交流合作等,并依托直管园原始创新,加快建设国家自主创新示范区;经开区则依托中国智谷(重庆)科技园、国家智能产业密码应用示范与科技创新基地,重点探索智能建造、集成电路、智能终端、物联网、智能超算、人工智能、新型软件、网络安全、信息技术等产业集聚化发展[1]。

二、成都数字产业空间布局特征

成都聚焦打造产业生态圈和创新产业链,重点围绕智能技术、智能产品、智能服务、应用场景等四个维度,聚焦工业互联网、机器人、无人机、卫星、智慧城市等五大应用场景,完善了"三区一环双翼"的数字产业空间格局。

"三区",即以成都天府新区、成都高新区和双流区为主体,构建数字产业综合集聚区。成都高新西区围绕芯片与模块、智能硬件、终端与装备等领域,重点布局集成电路、光电显示、智能信息终端、卫星导航等产业;高新东区围绕"云大物智"、工业控制等关键技术,重点布局云计算、大数据、人工智能、虚拟(增强)现实、智

---

[1] 重庆市人民政府关于印发重庆市国民经济和社会发展第十四个五年规划和二〇三五年远景目标纲要的通知[J].重庆市人民政府公报,2021(4):1-74.

能信息终端、机器人等产业;成都天府新区、高新南区及双流区围绕"云大物智"、网络安全等关键技术,重点布局芯片与模块、智能硬件、传感控制、无人系统、人工智能、信息安全、智能服务等产业。

"一环",即以青羊区、金牛区、武侯区、成华区和锦江区等为主体,构建数字产业"软实力"功能圈。重点布局大数据、人工智能、工业互联网、工业大数据、工业软件等关键技术产业,发展大数据服务、人工智能服务、研发设计、信息服务、金融服务、内容服务等高技术服务业。

"双翼",即成都城市东侧以青白江区、金堂县、龙泉驿区、简阳市,西侧以郫都区、崇州市、大邑县、邛崃市、蒲江县等地为主体,构建成都全市数字产业"硬实力"产业带,重点发展无人机、智能网联汽车、机器人、高档数控机床、增材制造、传感控制、智能可穿戴、智能家居、卫星导航、光电技术等新兴制造业,分类分梯次承接成都全市相关制造企业转移。

总体来看,成渝地区立足各地基础条件和比较优势,在数字产业体系布局中瞄准产业发展的重点方向,积极增强规划的引导作用,在数字产业空间体系布局中突出中心地区的引领作用,并统筹大中小城市和小城镇发展,促进形成了疏密有致、集约高效的空间格局,为两地全面提升发展能级和综合竞争力,擘画了未来发展新蓝图。

第三节　成渝地区数字产业的比较优势

比较优势是经济全球化背景下区域经济发展的基础条件和动力源。近些年,随着城镇化推进和积极承接东部产业西移,成渝核心城市产业结构不断优化,数字产业支撑工业走向高质量发展。但与此同时,成渝地区数字产业总体实力对比东部发达地区仍有差距。尊重客观规律,发挥比较优势,协同打造数字经济产业链,成为成渝地区双城经济圈产业链转型和升级的重要方向。

一、定量分析

本书借鉴万科等人构建的省域比较优势双维度评价指数,试图对成渝地区电子信息产业的比较优势进行定量分析,具体过程如下[①]:

---

① 万科,刘耀彬.电子信息产业国内价值链省域比较优势测度及空间差异研究[J].科技进步与对策,2022,39(9):53-63.

(一)理论模型及构建

首先,对 Balassa 提出的显性比较优势指数 RCA 公式进行改造,得到基于增加值分解的显性比较优势指数 VRCA。其次,借鉴 Haruna 等的方法,对 NVA_i^r 赋予 VRCA_i^r 指数的权重,以反映 r 省 i 产业的国内完全增加值在全国的比较优势。如公式(1)所示:

$$\text{VRCA}_i^r = \frac{\text{NVA}_i^r / \sum_{i=1}^{n}\text{NVA}_i^r}{\sum_{r=1}^{m}\text{NVA}_i^r / \sum_{r=1}^{m}\sum_{i=1}^{n}\text{NVA}_i^r} \quad (1)$$

式中,NVA_i^r 表示 $r(r\in[1,m])$ 省 $i(i\in[1,n])$ 产业的国内完全增加值。以增加值分解的 VRCA_i^r 对 NVA_i^r 进行赋权,得到加权的国内完全增加值 WNVA_i^r,如公式(2)所示:

$$\text{WNVA}_i^r = \text{VRCA}_i^r \times \text{NVA}_i^r \quad (2)$$

WNVA_i^r 越大,表明 r 省 i 产业的国内完全增加值在全国的比较优势越大。

同理,测算省域产业就业完全需要系数 B_{ri}^L,构建劳动生产率指标。B_{ri}^L 越小,表明 r 省 i 产业生产 1 单位产品使用的劳动力数量越少,即劳动生产率高。

上述两个变量分别从正反两个方向反映产业部门 i 的国内价值链分工地位,因此考虑用 WNVA_i^r 除以 B_{ri}^L,得到 r 省 i 产业单位产品使用劳动力创造的加权国内完全增加值 WVP_i^r,并以此作为某产业国内价值链省域比较优势产业评测指标。

1.比较优势增值能力指标测算

在比较优势增值能力指标测算中,通过使用部分新增出口和外省输出,中间投入部分新增进口和外省输入,构建省域非竞争型投入产出表。

表3-8 中国省域非竞争型投入产出表

投入	中间使用				最终使用				出口	外省输入	总产出
	产业 N	产业 1	产业 2	...	产业 1	产业 2	...	产业 N			
中间投入 产业1	X_{11}	X_{12}	...	X_{1n}	Y_{11}	Y_{12}	...	Y_{1n}	E_1	C_1	X_1
产业2	X_{21}	X_{22}	...	X_{2n}	Y_{21}	Y_{22}	...	Y_{2n}	E_2	C_2	X_2
...	...	...	...	...	...	...	...	...	...	...	...
产业N	X_{n1}	X_{n2}		X_{nm}	Y_{n1}	Y_{n2}		Y_{nn}	E_n	C_n	X_n
进口	M_1	M_2	...	M_n							
外省输入	R_1	R_2	...	R_n							

续表

投入		中间使用				最终使用				出口	外省输入	总产出
		产业 N	产业 1	产业 2	...	产业 1	产业 2	...	产业 N			
中间投入	增加值	V_1	V_2	...	V_n							
	总投入	X_1	X_2	...	X_n							

基于表 3-8，A_{ij} 表示直接消耗系数，则存在以下等价方程：

$$\begin{bmatrix} X_1 \\ X_2 \\ \cdots \\ X_n \end{bmatrix} = \begin{bmatrix} 1-A_{11} & -A_{12} & \cdots & -A_{1n} \\ -A_{21} & 1-A_{22} & \cdots & -A_{2n} \\ \cdots & \cdots & \cdots & \cdots \\ -A_{n1} & -A_{n2} & \cdots & 1-A_{nn} \end{bmatrix}^{-1} \begin{bmatrix} \sum_{j=1}^{n} Y_{1j}+E_1+C_1 \\ \sum_{j=1}^{n} Y_{2j}+E_2+C_2 \\ \cdots \\ \sum_{j=1}^{n} Y_{nj}+E_n+C_n \end{bmatrix} = \begin{bmatrix} B_{11} & B_{12} & \cdots & B_{1n} \\ B_{21} & B_{22} & \cdots & B_{2n} \\ \cdots & \cdots & \cdots & \cdots \\ B_{n1} & B_{n2} & \cdots & B_{nn} \end{bmatrix} \begin{bmatrix} Y_1 \\ Y_2 \\ \cdots \\ Y_n \end{bmatrix} \quad (3)$$

式中，$\tilde{V}_j = \frac{V_j}{x_j}$、$\tilde{R}_j = \frac{R_j}{x_j}$、$\tilde{M}_j = \frac{M_j}{x_j}$ 分别为 V_j、R_j、M_j 在总产出中所占比重，因而对于产业 j 存在以下等式：$\sum_{i=1}^{n} A_{ij} + \tilde{V}_j + \tilde{R}_j + \tilde{M}_j = 1$。据此定义本省增加值系数矩阵 $\tilde{V}$、境内外省输入增加值系数矩阵 $\tilde{R}$、境外他国进口增加值系数矩阵 $\tilde{M}$ 为如下对角矩阵：

$$\tilde{V} = \begin{bmatrix} \tilde{V}_1 & 0 & \cdots & 0 \\ 0 & \tilde{V}_2 & \cdots & 0 \\ \cdots & \cdots & \cdots & \cdots \\ 0 & 0 & \cdots & \tilde{V}_a \end{bmatrix}, \tilde{R} = \begin{bmatrix} \tilde{R}_1 & 0 & \cdots & 0 \\ 0 & \tilde{R}_2 & \cdots & 0 \\ \cdots & \cdots & \cdots & \cdots \\ 0 & 0 & 0 & 0 \end{bmatrix}, \tilde{M} = \begin{bmatrix} \tilde{M}_1 & 0 & \cdots & 0 \\ 0 & \tilde{M}_2 & \cdots & 0 \\ \cdots & \cdots & \cdots & \cdots \\ 0 & 0 & 0 & \tilde{M}_n \end{bmatrix} \quad (4)$$

$\tilde{V}$、$\tilde{R}$、$\tilde{M}$ 分别与里昂惕夫逆矩阵 B 相乘得到 3 个增加值份额矩阵 $\tilde{V}B$、$\tilde{R}B$、$\tilde{M}B$。在矩阵 $\tilde{V}B$ 中，$\sum_{i \neq j}^{n} \tilde{V}_j B_{ij}$ 表示省域内所有其他产业部门的本省国内增加值中源于产业部门 j 的比值，$\tilde{V}_j B_{jj}$ 表示省域内产业部门 j 的本省国内增加值源于部门的比值；在矩阵 $\tilde{R}B$ 中，$\sum_{i \neq j}^{n} \tilde{R}_j B_{ij}$ 表示省域内所有其他产业部门的国内外省输入增加值源于产业部门 j 的比值，$\tilde{R}_j B_{jj}$ 表示省域内产业部门 j 的国内外省输入增加值源于本产业的比值；在矩阵 $\tilde{M}B$ 中，$\sum_{i \neq j}^{n} \tilde{M}_j B_{ij}$ 表示省域内所有其他产业部门的国外进口增加值源于产业部门 j 的比值，$\tilde{M}_j B_{jj}$ 表示省域内产业部门 j 的国外进口增加值源于本部门的比值。因此，存在以下等式：

$$\sum_{i=1}^{n} \tilde{V}_i B_{ij} + \sum_{i=1}^{n} \tilde{R}_i B_{ij} + \sum_{i=1}^{n} \tilde{M}_i B_{ij} = 1 \quad (5)$$

其中，$\tilde{V}B = \begin{bmatrix} \tilde{V}_1 B_{11} & \tilde{V}_1 B_{12} & \cdots & \tilde{V}_1 B_{1n} \\ \tilde{V}_2 B_{21} & \tilde{V}_2 B_{22} & \cdots & \tilde{V}_2 B_{2n} \\ \cdots & \cdots & \cdots & \cdots \\ \tilde{V}_n B_{n1} & \tilde{V}_n B_{n2} & \cdots & \tilde{V}_n B_{nn} \end{bmatrix}, \tilde{R}B = \begin{bmatrix} \tilde{R}_1 B_{11} & \tilde{R}_1 B_{12} & \cdots & \tilde{R}_1 B_{1n} \\ \tilde{R}_2 B_{21} & \tilde{R}_2 B_{22} & \cdots & \tilde{R}_2 B_{2n} \\ \cdots & \cdots & \cdots & \cdots \\ \tilde{R}_n B_{n1} & \tilde{R}_n B_{n2} & \cdots & \tilde{R}_n B_{nn} \end{bmatrix},$

$$\tilde{M}B = \begin{bmatrix} \tilde{M}_1 B_{11} & \tilde{M}_1 B_{12} & \cdots & \tilde{M}_1 B_{1n} \\ \tilde{M}_2 B_{21} & \tilde{M}_2 B_{22} & \cdots & \tilde{M}_2 B_{2n} \\ \cdots & \cdots & \cdots & \cdots \\ \tilde{M}_n B_{n1} & \tilde{M}_n B_{n2} & \cdots & \tilde{M}_n B_{nn} \end{bmatrix}$$

定义国内外省输出矩阵 C、国外出口矩阵 C 为如下对角矩阵：

$$C = \begin{bmatrix} C_1 & 0 & \cdots & 0 \\ 0 & C_2 & \cdots & 0 \\ \cdots & \cdots & \cdots & \cdots \\ 0 & 0 & \cdots & C_n \end{bmatrix}, \quad E = \begin{bmatrix} E_1 & 0 & \cdots & 0 \\ 0 & E_2 & \cdots & 0 \\ \cdots & \cdots & \cdots & \cdots \\ 0 & 0 & \cdots & E_n \end{bmatrix} \quad (6)$$

分别计算 $\tilde{V}BC$、$\tilde{V}BE$、$\tilde{R}BE$、$\tilde{M}BE$。

$$\tilde{V}BC = \begin{bmatrix} \tilde{V}_1 B_{11} C_1 & \tilde{V}_1 B_{12} C_2 \cdots \tilde{V}_1 B_{1n} C_n \\ \tilde{V}_2 B_{21} C_1 & \tilde{V}_2 B_{22} C_2 \cdots \tilde{V}_2 B_{2n} C_n \\ \cdots & \cdots \quad \cdots \\ \tilde{V}_n B_{n1} C_1 & \tilde{V}_n B_{n2} C_2 \cdots \tilde{V}_n B_{nn} C_n \end{bmatrix}, \tilde{V}BE = \begin{bmatrix} \tilde{V}_1 B_{11} E_1 & \tilde{V}_1 B_{12} E_2 \cdots \tilde{V}_1 B_{1n} E_n \\ \tilde{V}_2 B_{21} E_1 & \tilde{V}_2 B_{22} E_2 \cdots \tilde{V}_2 B_{2n} E_n \\ \cdots & \cdots \quad \cdots \\ \tilde{V}_n B_{n1} E_1 & \tilde{V}_n B_{n2} E_2 \cdots \tilde{V}_n B_{nn} E_n \end{bmatrix},$$

$$(7)$$

$$\tilde{R}BE = \begin{bmatrix} \tilde{R}_1 B_{11} E_1 & \tilde{R}_1 B_{12} E_2 \cdots \tilde{R}_1 B_{1n} E_n \\ \tilde{R}_2 B_{21} E_1 & \tilde{R}_2 B_{22} E_2 \cdots \tilde{R}_2 B_{2n} E_n \\ \cdots & \cdots \quad \cdots \\ \tilde{R}_n B_{n1} E_1 & \tilde{R}_n B_{n2} E_2 \cdots \tilde{R}_n B_{nn} E_n \end{bmatrix}, \tilde{M}BE = \begin{bmatrix} \tilde{M}_1 B_{11} E_1 & \tilde{M}_1 B_{12} E_2 \cdots \tilde{M}_1 B_{1n} E_n \\ \tilde{M}_2 B_{21} E_1 & \tilde{M}_2 B_{22} E_2 \cdots \tilde{M}_2 B_{2n} E_n \\ \cdots & \cdots \quad \cdots \\ \tilde{M}_n B_{n1} E_1 & \tilde{M}_n B_{n2} E_2 \cdots \tilde{M}_n B_{nn} E_n \end{bmatrix}$$

据此，可将省域内产业 j 的增加值来源分解为本省境外出口中的本地增加值（DVA_j）、省外增加值（RDV_j）、国外增加值（FVS_j），以及本省境内输出中的本地增加值（DVS_j）。

$$DVA_j = \sum_{i=1}^{n} \tilde{V}_i B_{ij} E_j, \quad RDV_j = \sum_{i=1}^{n} \tilde{R}_i B_{ij} E_j,$$

$$FVS_j = \sum_{i=1}^{n} \tilde{M}_i B_{ij} E_j, \quad DVS_j = \sum_{i=1}^{n} \tilde{V}_i B_{ij} C_j \quad (8)$$

其中，RDV_j、FVS_j分属境内外省与境外他国，仅DVA_j、DVS_j反映省域内产业 j 的国内增加值，将二者之和记为国内完全增加值NVA_j。据此可测算省域内产业 j 的境内输出国内增加值所占比值$DVSR_j$、境外出口国内增加值所占比重$DVAR_j$，以及国内完全增加值垂直专业化综合比值$NVAR_j$。

$$NVA_j = DVS_j + DVA_j, \quad DVSR_j = \frac{DVS_j}{NVA_j}, \\ DVAR_j = \frac{DVA_j}{NVA_j}, \quad NVAR_j = \frac{1}{2} \times \left(\frac{DVS_j}{E_j} + \frac{DVA_j}{C_j}\right) \tag{9}$$

2.比较优势劳动生产率指标测算

在比较优势劳动生产率指标测算中，通过选取《中国劳动力统计年鉴》中产业从业人员数作为劳动力指标插入占用部分，将省域投入产出表改造为非竞争型投入占用产出表（见表3-9），据此测算就业完全需要系数B_i^l。就业完全需要系数能够反映省域内产业 i 生产1单位产品所需国内劳动力数量。B_i^l越小，表明生产1单位产品使用的劳动力越少，即产业 i 的劳动生产率越高。

表3-9 中国省域非竞争型投入占用产出表

投入		中间使用				最终使用					总产出
		产业1	产业2	...	产业N	消费	资本形成总额	出口	其他	最终使用合计	
投入部分	中间产品投入 产业1	X_{11}	X_{12}	...	X_{1n}	C_1	F_1	E_1		Y_1	X_1
	产业2	X_{21}	X_{22}	...	X_{2n}	C_2	F_2	E_2		Y_2	X_2
	...	...	...	...	...	...	...	...		...	...
	产业N	X_{n1}	X_{n2}	...	X_{nm}	C_n	F_n	E_n		Y_n	X_n
占用部分	增加值	V_1	V_2	...	V_n						
	总投入	X_1	X_2	...	X_n						
	资金	K_1	K_2	...	K_n						
	劳动力	L_1	L_2	...	L_n						

基于表3-9，与X_{ij}对应的直接消耗系数为A_{ij}，将直接消耗系数矩阵表示为A，里昂惕夫逆矩阵表示为B，则存在以下等价方程：

$$X=(I-A)^{-1}Y=BY \qquad (10)$$

转换成逆矩阵形式为：

$$\begin{bmatrix} X_1 \\ X_2 \\ \cdots \\ X_n \end{bmatrix} = \begin{bmatrix} I-A_{11} & -A_{12} & \cdots & -A_{1n} \\ -A_{21} & I-A_{22} & \cdots & -A_{2n} \\ \cdots & \cdots & \cdots & \cdots \\ -A_{n1} & -A_{n2} & \cdots & I-A_{nn} \end{bmatrix}^{-1} \begin{bmatrix} Y_1 \\ Y_2 \\ \cdots \\ Y_n \end{bmatrix} = \begin{bmatrix} B_{11} & B_{12} & \cdots & B_{1n} \\ B_{21} & B_{22} & \cdots & B_{2n} \\ \cdots & \cdots & \cdots & \cdots \\ B_{n1} & B_{n2} & \cdots & B_{nn} \end{bmatrix} \begin{bmatrix} Y_1 \\ Y_2 \\ \cdots \\ Y_n \end{bmatrix} \qquad (11)$$

另劳动力完全需要系数行向量 $\tilde{B}^l = ([B_1^L B_2^L \cdots B_n^L])$，劳动力直接增加值系数行向量 $\tilde{A}^l = ([A_1^L A_2^L \cdots A_n^L])$，其中，$A_i^L = \frac{L_i}{X_i}(i=1, 2, \cdots, n)$。根据投入产出理论，存在以下等价方程：$\tilde{B}^l = \tilde{A}^l(I-A)^{-1} = \tilde{A}^l B$，即

$$[B_1^L B_2^L \cdots B_n^L] = [A_1^L A_2^L \cdots A_n^L] \begin{bmatrix} B_{11} & B_{12} & \cdots & B_{1n} \\ B_{21} & B_{22} & \cdots & B_{2n} \\ \cdots & \cdots & \cdots & \cdots \\ B_{n1} & B_{n2} & \cdots & B_{nn} \end{bmatrix} \qquad (12)$$

由此，可加总测算产业 j 的就业完全需要系数 $B_1^L = \sum_{i=1}^n A_1^L B_{ij}$。

(二)实证分析

1. 电子信息产业国内价值链关联产业测度

当前，成渝两地都已经将电子信息产业纳入重点产业布局，并提出携手进击世界级电子信息产业集群。为此，本书结合成渝两地数字经济发展规划，测算了成渝电子信息产业在全国范围的竞争优势。依据国家统计局《国民经济行业分类（GB/T4754—2017）》中的产业名录，将电子信息产业归并于计算机、通信和其他电子设备制造业。根据《2012年中国42部门投入产出表》，计

算出直接消耗系数与完全消耗系数、直接分配系数与完全分配系数,据此评测中国电子信息产业国内价值链上下游直接(间接)关联核心产业部门[①]。分析其中8个关联性最强的核心产业部门可知,中国电子信息产业上下游由制造业部门和服务业部门均衡构成(见表3-10),体现出较强的制造+服务关联性和协作性特征。其中,上下游直接关联核心产业部门、下游间接关联核心产业部门均由制造业部门和服务业部门平均组成。值得注意的是,作为电子信息产业价值链的关键支撑部门,科学研究和技术服务在上游直接关联核心产业部门中的关联系数最小,这表明中国电子信息产业整体增值能力不强,上游技术研发能力仍较弱。

表3-10 中国电子信息产业NVC核心关联产业部门

关联性	上游部门(关联系数值)	下游部门(关联系数值)
间接关联	非金属矿物制品(0.555)	废品废料(0.206)
	金属矿采选产品(0.254)	金属制品、机械和设备修理服务(0.130)
	专用设备(0.092)	交通运输、仓储和邮政(0.087)
	非金属矿和其他矿采选产品(0.080)	批发和零售(0.083)
直接关联	化学产品(0.0557)	信息传输、软件和信息技术服务(0.036)
	电气机械和器材(0.046)	通用设备(0.034)
	金融(0.026)	租赁和商务服务(0.023)
	科学研究和技术服务(0.017)	交通运输设备(0.017)

---

① 万科,陈普,张莹,等.高技术产业国家价值链网络结构与省域增加值分解——来自电子信息产业的证据[J].科技进步与对策,2021,38(10):65-74.

2.省域比较优势双维度评价指标核算

将我国电子信息产业省域产业增加值来源分解可得到本省出口的本地增加值(DVA)、本省国内贸易的本地增加值(DVS)两个部分,加总得到国内完全增加值(NVA)。基于式(2),使用VRCA对NVA进行加权,测算得到加权国内完全增加值(WNVA)。从计算结果得知,我国电子信息产业的省域完全增加值总额为33603.81,其省域增值能力可分为4个层级,西部地区电子信息产业国内完全增加值及其内生增值能力均较弱。四川和重庆作为西部地区"领头羊",电子信息产业比较优势相对较好。四川加权国内完全增加值为1159.25,位于第二层级;重庆加权国内完全增加值为377.78,位于第三层级。在比较优势劳动生产率指标的测算中,四川就业完全需要系数为105.97,重庆就业完全需要系数为94.88,总体上位于我国中上等水平。

基于式(3),对中国电子信息产业NVC内生增值传导结构图中21个关联产业部门的省域比较优势进行测评。通过测算中国电子信息产业NVC的省域WVP值,筛选出各个嵌入位置最具比较优势的3个省域。其中,重庆包括房地产、金融、交通运输设备产业部门的比较优势位于全国前三强,表明重庆电子信息产业省域比较优势主要集中在服务业和制造业领域。

总体来看,重庆随着产业集群进程的不断推进,电子信息产业链条趋于完善,创新能力不断提升,资本市场和资本运作能力持续向好,价值链相较四川地区优势更为凸显。此外,在定量分析的基础上,本书对成渝地区数字产业比较优势进行定性分析,探究了重庆产业数字化和成都数字产业化优势,为成渝地区数字产业优势对接夯实合作基础。

二、重庆推动产业数字化的比较优势

当前,重庆数字产业蓬勃发展,数字经济成为高质量发展新引擎。其中,良好的政策环境、丰富的工业门类、得天独厚的地理区位及国际化的合作平台等,为重庆助力传统产业转型升级、大力推动产业数字化发展奠定了重要基础。

(一)完善的产业数字化政策支撑

一个行业能否获得持续竞争优势形成国际大产业,政府政策的影响是至关重要的。重庆数字产业的蓬勃发展,一方面缘于国家层面的战略支持,另一方面也得益于地方政府提供的政策支持。国家层面,同意重庆建设"国家数字经济创新发展试验区"和"国家新一代人工智能创新发展试验区",为重庆数字产业发展规划了蓝图。地方层面,重庆大力实施以大数据智能化为引领的创新驱动发展战略行动计划,勾画出智能化产业"三位一体"的发展蓝图,之后陆续制定了工业互联网、集成电路、智能制造、智能网联汽车、智慧城市、新基建等专项政策,工业和科技领域专项资金逐渐向数字产业方面聚焦和倾斜(见表3-11)。此外,注重智能化人才引进,通过深入实施"两江学者""鸿雁计划""特支计划"三大人才项目,引进一大批"高精尖缺"人才和团队,为推进重庆产业数字化发展提供了充足的智力支撑资源。不断完善的产业数字化政策为重庆充分发挥产业数字化优势、营造良好的数字产业发展环境提供了有力支撑。

表3-11 重庆数字经济产业相关政策

时间	数字经济产业政策	重点内容
2018年	重庆市推进工业互联网发展若干政策	支持工业互联网网络基础建设提升、支持工业互联网平台建设、支持企业"上云上平台"实施数字化网络化智能化升级、支持工业互联网生态发展、支持工业互联网发展环境建设
2018年	重庆市加快集成电路产业发展若干政策	建设重庆市集成电路公共服务平台、支持国家级集成电路创新中心发展、支持半导体产业发展、强化对集成电路企业的培育、集成电路企业享受人才支持政策、为集成电路重大项目提供服务保障
2018年	重庆市发展智能制造实施方案(2019—2022年)	围绕智能制造现状,分类别、分层次加强指导,分行业、分步骤持续推进,同步并行实施数字化制造普及、网络化制造提升、智能化制造引领,建设应用工业互联网,增强智能制造技术、产品供给能力,完善智能制造服务支撑体系,加快提升制造业智能制造水平
2018年	重庆市加快新能源和智能网联汽车产业发展若干政策措施(2018—2022年)的通知	对新能源和智能网络汽车产业提供平台支持、研发项目支持、降低成本支持、人才支持,并提供相关服务支撑

续表

时间	数字经济产业政策	重点内容
2019年	重庆市人民政府办公厅关于加快发展工业互联网平台企业赋能制造业转型升级的指导意见	发展工业互联网平台、完善工业互联网平台支撑、构建工业互联网平台生态
2020年	重庆市新型基础设施重大项目建设行动方案(2020—2022年)	围绕信息基础设施、融合基础设施、创新基础设施3个方面,突出新型网络、智能计算、信息安全、转型促进、融合应用、基础科研、产业创新7大板块重点,强化重大项目的牵引与带动作用,积极布局5G、数据中心、人工智能、物联网、工业互联网等新型基础设施建设

(二)丰富的工业产业门类

作为我国六大老工业基地之一,重庆拥有丰富的工业产业门类。在全国41个工业大类中,重庆拥有38个,既包括普通意义上的制造业,也包括信息产业,如计算机、通信和其他电子设备制造业等,为产业数字化提供了广泛的智能应用场景和产业基础。近些年来,重庆在推进产业数字化进程中,通过智能化改造全市汽车、电子等重点行业,降低了人力成本,提高了生产效率及产品质量。2020年重庆GDP总量突破2.5万亿,位居全国第四位,经济实力雄厚。另外,重庆在装备制造、综合化工、材料、能源和消费品等产业上也具备千亿级的产业集群,笔电、手机和汽车三大主导产业产值在全国占有举足轻重的地位,新能源汽车、集成电路、人工智能等新兴产业也在快速崛起。

（三）得天独厚的地理区位优势

重庆处于丝绸之路经济带、中国—中南半岛经济走廊（连接21世纪海上丝绸之路）与长江经济带"Y"字形大通道的联结点上。重庆具有承东启西、连接南北的独特区位优势。重庆也是西南地区唯一集"水、陆、空"于一体的国家一类口岸城市，拥有长江上游规模最大的内河港和国家一类航空口岸的江北机场（吞吐能力位居西部前列），市内铁路口岸也已获批为国家一类铁路口岸。得天独厚的区位优势，为重庆推动交通物流升级，以通道带物流、物流带经贸、经贸带产业，发展"数字+物流"产业提供了机遇，并为重庆打造辐射内陆、联系欧亚非的内陆经贸合作中心提供了条件。

（四）国际化的合作平台优势

重庆围绕产业转型升级的需要，主动服从服务国家重大战略，构建国际创新交流平台，引进创新资源，积极培育支撑高质量发展的新动能。"智博会"发展成为具有国际影响力、行业引领性、品牌美誉度的智能技术和智能产业交流合作平台，为重庆聚集了大量的人才、技术、资本、产业等创新资源，满足了重庆产业转型升级的客观需要；依托"西洽会"等开放平台体系和立体化的口岸体系，积极推进与"一带一路"沿线国家的通关与投资合作，为产业发展提供充足的市场空间；深入中新（重庆）战略性互联互通示范项目，深化跨境金融、航空、物流、通信等领域合作，拓宽高质量发展新领域等。

三、成都推动数字产业化的比较优势

在传统产业产能过剩,增速放缓的宏观经济背景下,成都明确将构筑城市比较优势和培育区域发展动力源作为着力点,高度重视新技术、新产业的培育和发展,并借助精准的政策支撑、完善的产业生态及丰富的人才资源等优势,大力推动软件服务、集成电路、新型显示、数字娱乐等高新技术领域发展,形成了较强的数字产业化优势。

(一)数字产业政策精准有力

"数字经济"一词多次在成都政府工作报告中出现,从促进数字经济加快成长,到壮大数字经济,再到打造数字经济新优势,数字经济的战略重要性不断攀升。成都出台了一系列数字化政策,推动数字化产业发展壮大,制定了实施数字经济企业梯度培育计划,推动和扶持相关独角兽企业成长,并设立了100亿元新经济发展基金,带动相关产业规模5000亿元以上。

2018年,成都市信委、市发改委、市科技局、市新经济委、市大数据和电子政务办等部门联合印发了《成都市推进数字经济发展实施方案》《成都市推进智能经济发展实施方案》,标志着成都将在数字经济领域多举措发力,培育催生新的经济增长点,奋力促进产业转型、消费升级和民生改善。2019年,为进一步促进数字经济产业发展,四川天府新区成都直管区正式印发《四川天府新区成都直管区加快数字经济高质量发展若干政策》。该政策文件是成都首个"区市县级"数字经济发展鼓励政策。2020年,为推动成渝地区双城经济圈建设的重大战略部署落实,加快建设高质量发展示范区,成都市发展改革委印发《关于落实新发展理念加快建设高质量发展示范区的实施方案》。该方案明确提出围绕国家级数字经济创新发展试验区建设,打造具有全国影响力的数字经济产业高地,依托成都芯谷、天府智能制造产业园、天府新区新能源新材料产业功能区提升产业基础能力和产业创新水平。此外,成都实施了新经济企业梯度培育计划,设立100亿元新经济发展基金;成都市人民政府制定了"产业新政50条",创新要素供给方式,人才、技术、资金等要素叠加供给,为数字经济发展提供了精准的政策支撑。

表3-12　成都市数字产业化相关政策

时间	政策	重点内容
2017年	关于营造新生态发展新经济培育新动能的意见	发展数字经济、智能经济、绿色经济、创意经济、流量经济、共享经济六大新经济产业形态,构建具有成都特色的新经济产业体系
2018年	成都市推进智能经济发展实施方案	围绕提升关键技术竞争力、发展智能产品、推进智能服务3个方面发展10项技术产业领域,培育工业互联网应用、机器人应用、无人机应用、卫星应用、智慧城市5个应用场景,构建"三区一环双翼"的产业发展空间

续表

时间	政策	重点内容
2019年	四川天府新区成都直管区加快数字经济高质量发展若干政策	围绕独角兽岛、天府无线谷、紫光芯城、鲲鹏生态产业园等重点区域建设,促进软件与信息技术服务业聚集发展,全力打造数字经济产业生态圈,加快将成都科学城建设成为全省数字经济示范基地
2020年	关于落实新发展理念加快建设高质量发展示范区的实施方案	在创新驱动、区域协调、公园城市建设、开放发展、民生服务方面先行先试,四川天府新区成都直管区、成都高新区(南部园区)等形成"一源双核四带"生产力布局

(二)数字产业化市场空间广阔

成都作为人口超千万的巨型城市,近年来在人口红利转化为消费红利方面取得明显成效。常住人口超1800万,居中国第4位,庞大的人口基数为数字经济与生活性服务业融合发展提供了广阔的市场。如图3-2所示,得益于广阔的市场空间,成都社会消费品零售总额逐年增加,为推动经济发展提供了条件。同时,成都人消费观念强,消费理念前卫,互联网理财、旅行订购、网络购物等使用频率高于全国平均水平。2021年,社会消费品零售总额达9251.8亿元,其中,互联网商品零售总额达1081.6亿元,同比增长14.0%,餐饮通过互联网实现收入219.7%。新经济市场活力领跑新一线城市,在数字技术与传统产业融合、智慧城市建设等数字经济领域,市场需求不断扩大[1],使得企业在应用驱动创新方面更具优势,大量新业态、新应用、新服务层出不穷并迅速普及。不断释放的数字经济发展新动力,也吸引着更多企业投资入驻,开放的经济环境为数字产业的发展提供了充足的资金支撑。

图3-2 2016—2020年成都市社会消费情况变化

(三)数字产业化人才资源丰富

成都在教育资源方面,有64所高等院校,"双一流"高校有8所,30家国家级科研机构,30多位两院院士、70多万名在校大学生,平均每年28万高校毕业生进入就业市场,其中软件方向本科以上毕业生超过4万人。同时,成都工程科学资源雄厚,如表3-13所示,2019年工程科学领域从业人员达10637人,从事科技活动

---

[1] 尹训飞,杨帅.走好科技创新"先手棋" 唱好数字经济"双城记"[J].先锋,2020(6):26-28.

人员7127人,科技活动收入395296万元,远高于自然科学、农业科学、医学科学及社会、人文科学领域。工程科学领域雄厚的科研基础,为成都推进数字产业化提供了充足的智力支撑。

表3-13 2019年成都科学研究与技术服务业人员及活动情况

类别	自然科学领域	农业科学领域	医学科学领域	工程科学领域	社会、人文科学领域	合计
从业人员/人	4630	2429	3683	10637	1731	23110
从事科技活动人员/人	2596	1925	1013	7127	1553	14214
大学本科及以上学历/人	2250	1526	879	5795	1316	11766
科技活动收入/万元	132567	62949	36542	395296	65278	692632
课题数/个	1428	981	328	1025	691	4453
发表科技论文/篇	1109	625	531	1122	978	4365
出版科技著作/种	21	16	22	25	86	170
专利申请受理数/件	179	191	127	605	6	1108
专利授权数/件	130	154	145	390	2	821
发明专利/件	76	19	19	195	0	309

此外,成都科技企业孵化器协会启动成都首批国家级、省级科技企业孵化器和众创空间入库培育工作,新增省级科技企业孵化器6家,省级众创空间20家,聚集入驻企业和团队超1万家、总人数超12万人,在促进区域创新创业、吸引专业人才方面发挥了"一干"作用。同时,成都十分重视云计算、大数据、移动智能终端等信息网络技术的人才建设,成立了成都职业培训网络学院,注册用户超过21万人,与5000多家成都本地规模企业建立了稳定的用工需求收集机制。此外,以电子科技大学大数据研究中心、四川大学机器智能实验室、西南交通大学金融大数据研究院、西南财经大学大数据研究院为代表,建立起一系列大数据创新平台,为数字产业发展提供了强大的人才动能。

(四)数字企业营商环境持续优化

营商环境,是一个城市的硬实力。2019年,成都将营商环境定为"国际化营商环境建设年"。2020年年初和9月,成都分别开启了国际化营商环境2.0版建设和3.0版建设[①]。2021年,成都积极抢抓"后疫情时代"下城市发展机遇,以优化营商环境、完善创新生态为关键举措,加快打造带动全国高质量发展的重要增长极和新的动力源,推进优化营商环境立法工作,形成《成都市优化营商环境条例(草案)》,启动营商环境4.0版政策体系建设。

在一系列政策的支持下,成都数字企业营商环境也在持续优化。打造的"蓉易办"政务服务品牌,连续三年获评"中国国际

---

① 谢瑞武.成都市优化营商环境的实践探索与启示[J].中国发展观察,2021(Z1):106-109.

化营商环境建设标杆城市";要素供给持续增强,金融服务实体经济质效提升,企(事)业单位本外币贷款同比增长13.5%,直接融资2927.6亿元,增长27.4%;深入推进"放管服"改革,企业开办时间压减至0.5个工作日以内,新登记市场主体61.8万户,增长15.6%。为数字经济发展奠定了良好的氛围和基础。

总体来看,成渝地区数字产业优势凸显,为两地经济发展带来新动能。同时,数字产业优势的差异化也为两地数字产业的协同布局提供了合作前提。因此,成渝地区应因地制宜,立足本地资源禀赋、产业结构和发展规划,选择不同的数字产业领域重点发展,构建数字经济差异化优势,带动地方经济和社会转型。

第四节 成渝地区数字产业的发展定位及需求

当前,成渝两地抢抓重大机遇,发挥自身优势,努力在成渝地区双城经济圈建设中展现新担当、新作为,数字产业也为成渝地区经济实现高质量发展做出了重大贡献。结合成渝两地区位优势、资源禀赋和产业基础等条件,确定成渝地区数字产业发展定位及路径(如表3-14所示),为成渝两地数字产业深化合作提供了前提条件。

表3-14 成渝数字产业发展定位及路径

地区	发展定位	发展路径
重庆	先进制造产业集群	集群化、智能化发展
		丰富产品种类,完善配套体系,巩固优势地位
		建设国家车联网先导区
		深入实施"三品"战略
	战略性新兴产业集群	紧密围绕"六大重点领域"
		推动互联网、大数据、人工智能深度融合
		推动前沿技术、颠覆性技术创新及成果转化
		构建先进技术应用场景和产业发展微生态
		推动战略性新兴产业集群化、融合化、生态化
	国家级现代服务业经济中心	打造内陆国际金融中心
		建设现代物流产业集群
		构建具有国际竞争力的现代金融体系
成都	电子信息产业集群	形成从整机制造到软件服务的全产业链条
	数字文创产业发展	聚焦"七大领域"
		加快发展数字文创技术创新应用
		促进优秀文化资源数字转化
		完善数字文创产业生态体系
		推动数字文创产业融合发展
		扩大数字文创市场新兴消费
		拓展数字文创产业国际贸易
	先进生产性服务业集群	打造国家先进生产性服务业标杆城市

一、重庆数字产业的发展定位及需求

重庆作为我国老工业基地之一,制造业基础雄厚,产业体系较为完备,为产业数字化发展提供了丰富的应用场景。因此,重庆应立足产业数字化优势,明确数字产业的发展定位及需求,推动成渝地区数字产业协同发展。

(一)重庆数字产业的发展定位

根据重庆数字产业发展基础和区位条件,重庆应重点发展先进制造业、战略性新兴服务业及现代物流业产业集群,引领产业转型升级,加快推动数字经济高质量发展。

1.打造先进制造产业集群

重庆制造业基础雄厚,推动数字产业发展应以集群化、智能化发展为基本路径,以数字技术赋能传统产业转型升级,壮大现有制造业产业,加快发展服务型制造,推动电子、汽车摩托车、装备制造等产业高端化、智能化、绿色化转型;丰富电子终端产品种类,完善配套体系,巩固世界级计算机、手机生产基地优势地位。加快高端、智能乘用车和商用车开发,建设国家车联网先导区。完善工程机械、电梯、农机等产业体系,加快通机等领域升级步伐,提升模具、齿轮、轴承等关键零部件水平,壮大装备制造业;深入实施"三品"战略,通过"结构调整、质量提升、价值增值"来整合资源、提高全要素生产率、拉动投资,促进国内消费及扩大出口。同时,进一步优化产业结构、提高经济增长质量,提升重庆数字企业的品牌形象。

2. 建设战略性新兴产业集群

重庆应紧跟全球科技革命和产业变革方向,围绕新一代信息技术、新能源及智能网联汽车、高端装备等重点领域,集中优势资源培育一批产值规模超千亿的产业集群和基地,带动全市战略性新兴产业规模迈上万亿级。推动互联网、大数据、人工智能等产业深度融合,培育新技术、新产品、新业态、新模式。推动前沿技术、颠覆性技术创新和成果转化,积极构建先进技术应用场景和产业发展微生态,加快在空间互联网等领域实现产业化、商业化,抢占产业发展先机。推动战略性新兴产业集群化、融合化、生态化发展,培育数字经济先导性产业,打造战略性新兴产业发展新引擎。

3. 建成国家级现代服务业经济中心

重庆区位优势明显,现代服务业发展环境得天独厚。因此,可以立足国家级现代服务业经济中心定位,以西部辐射东盟、服务"一带一路"为依托,加快打造内陆国际金融中心,构建具有经济带动力、区域辐射力、国际竞争力的现代金融体系;发挥在西部大开发的重要战略支点、"一带一路"和长江经济带的联结点作用,与内陆国际物流分拨中心建设联动发展,构建覆盖铁、公、水、空多种运输方式的国际物流运输体系,提高国际中转物流能力。推进物流规模化、集约化、专业化、信息化、智能化发展,重点发展港口综合物流、全程物流、专业物流、绿色仓储等服务业,推进物流产业向技术先进、便捷高效、成本可控的方向发展,建设现代物流产业集群。

(二)重庆数字产业的发展需求

重庆产业数字化基础雄厚。但是,从外部看,在争取引入头部企业、重大项目以及创新人才等方面面临较大竞争压力;从内部看,面临着数字产业自主培育能力不强、产业特色不够鲜明、产业集群规模不大、行业领军企业缺乏等困难和问题。因此,重庆应强化关键数字技术基础研究、完善数字产业补链强链及推动数据资源安全共享,为数字产业健康发展保驾护航。

1. 强化关键数字技术基础研究需求

重庆数字技术应用较为广泛,形成了初具规模的大数据智能化研究及产业化集群,产生了工业智能化新兴业态和新兴模式。但是,R&D经费投入仍以市场驱动型投入为导向,在高级别创新科学配置、国家实验室等创新平台的布局方面与京津冀、长三角有较大差距,在高端芯片、工业控制软件、核心元器件、基本算法等300多项与数字产业相关的关键技术方面仍然受制于人,核心关键技术对外依存度较高。这些都制约了重庆数字技术的产业化应用和推广。为了进一步推动数字产业的发展,重庆需要本土技术力量牵头,强化关键数字技术基础研究,突破"卡脖子"核心技术,以形成人才、技术及示范应用上的优势,为数字产业发展提供充足的技术支撑。

2. 推动产业数字化补链强链需求

重庆数字产业仍处在全球价值链和创新链的中低端,尚未形成强大的品牌效应,数字产业链不够齐全,产业集群竞争力不强。这些严重制约了重庆数字产业链的完整性、供应链的安全性及价值链的高端化。重庆亟需从壮大"芯屏器核网"全产业链、补齐智能网联汽车系统零部件短板及提升高端工业软件核心竞争力出发,培育创新能力强、发展后劲足、带动效应显著的数字经济龙头企业,推动重庆产业数字化发展。

第一,壮大"芯屏器核网"全产业链。重庆围绕"芯屏器核网"全产业链发展,初步建成了"IC设计—晶圆制造—封装测试—原材料配套"的集成电路全流程体系,形成从玻璃基板、液晶面板、显示模组到整机的新型显示全产业链,并加快培育高清视频产业、构建起了集运营商、品牌商、代工厂和配套商于一体的智能终端产业链。但是,电子信息产业基础能力和产业链现代化水平总体仍偏低。未来,重庆应紧扣电子信息产业关键基础环节的短板,进一步完善智能终端零部件配套体系,巩固电源、机壳等优势产业,发展光学滤光片、图像传感器等摄像模组产业链上下游环节;引进电路板生产企业,切实提升柔性板等高端主机板的本地配套能力。同时,以龙头企业和关键产品为核心,吸引原材料、装备等上游产业集聚,进一步推进产业链的完善和延伸,促进智能终端配套产业向高端化、专业化和集群化方向发展,不断完善产业生态,提升电子信息产业基础能力和产业链现代化水平。

第二,补齐智能网联汽车系统零部件短板。产业规模小、产业链不健全影响了重庆智能网联汽车产业整体实力的进一步提升。在软件定义汽车的浪潮下,重庆应聚焦智能网联汽车产业链核心节点,强化系统零部件核心能力,构建国际一流的智能网联汽车产业基地。首先,加强感知部件供应链聚集,如加大激光雷达、毫米波雷达和视觉采集等部件的研发力度，加快生产企业的落地；加大系统软件供应链的引进力度，如加快车载操作系统、算法软件等产品研发企业的落地。其次，加快高精地图产业链的发展，智能网联汽车和智慧交通产业的发展都离不开高精地图，高精地图产业也将带动数据采集、标注、仿真和制作等供应链的发展。再次，全力推进两江新区车联网基础设施建设，加快建成城市级规模化车联网基础设施网络，实现两江新区车联网全域覆盖。最后，加快车路协同产业链的布局和标准制定，吸引BAT、华为、均胜电子等车路协同企业入驻，打造山地特色车路协同应用场景。

第三，提升高端工业软件核心竞争力。软件是实现智能制造的关键，软件产业是智能化时代的基础产业。重庆作为工业重镇，以工业软件推动制造业转型升级，是重庆推动产业数字化发展的大势所趋。"十四五"期间，重庆应重点围绕工业软件、基础软件、信息安全软件、行业应用软件、新兴技术软件、信息技术服务，以重庆市数字经济（区块链）产业园、渝中区大石化新区等为发展载体，建设重庆市工业软件产业园，促进全市工业软件企业集聚发展；梳理形成市级重点工业软件企业清单，支持一批重点工业软件企业发展成为全国工业软件细分领域知名企业，围绕汽车、笔电等重点领域，推动大型工业软件企业联合重点工业企业加强工业软件产品研发，加快研发一批有核心竞争力的高端工业软件；围绕"智造重镇"建设，以行业龙头企业、知名企业、细分领域冠军企业为重点，引进一批研发设计类和生产控制类的工业软件企业；推动工业软件企业产品在汽摩、笔电、高端装备等重点产业领域的规模化应用,推进高端工业软件产品在高校等科研院校的推广应用;引进培养高端工业软件人才,激励企业联合研发创新,通过举办中国工业软件大会等学术活动,搭建"政、产、学、研、用"交流平台,营造工业软件产业良好发展氛围,全力建链、补链、强链、延链,建成工业软件产业高地和应用示范地。

3. 强化数字产品质量品牌建设需求

区域品牌的打造有助于发挥区域经济的凝聚力和向心力,还有助于提高区域的知名度,更有助于吸引投资、引进人才、聚集信息、拓展市场。"十四五"期间,在全国数字产业雷同化、建设同质化的大环境中,重庆应围绕电子信息、汽车、装备制造三大支柱产业,提升笔电产品品牌附加值、打造本土机器人品牌、智能汽车品牌,提升"重庆造"产品品牌价值,抢占数字经济未来发展制高点。

第一,提升笔电产品品牌附加值。以笔电为代表的电子信息产业,是重庆两大支柱产业之一。但是,产业"大而不强、全而不精"、缺乏核心零部件、高精尖部件配件配套企业及技术上和华东等地区企业存在差距,限制了重庆笔电产品市场规模及产品利润的提升。因此,重庆应紧抓全球新一轮科技革命和产业变革重大战略机遇,按照"创新驱动、前瞻布局、龙头带动、全链布局、集群发展"思路,突出创新与转型并进、整机与配套并重、生产与服务并举,围绕做优做强笔电等优势数字产品,精准建链补链强链,加快推动创新发展,推动"重庆制造"向"重庆智造"迈进,提升以笔电产品为代表的数字产品品牌附加值。

第二,打造本土机器人品牌。重庆高度重视以机器人为代表的智能装备产业发展,已初步形成集研发、整机制造、系统集成、零部件配套和应用服务于一体的机器人及智能装备全产业链。但是,重庆机器人产业要进一步做大做强,还缺乏本土机器人品牌支撑。以工业机器人为例,目前重庆工业机器人使用量已超过10000台,但98%以上都用的国外知名品牌机器人。本土工业机器人产业创新链不完整且不强,知名度也不高,导致市场推广很艰难。亟需整合市内智能机器人技术、设备、资金和人才资源,从产业链创新生态发展需求出发,选取工业机器人、服务机器人、特种机器人等智能机器人产品,并建立国内领先的机器人智能发育开发、检测、标准平台,补齐做强机器人创新产业链,培育发展本土机器人品牌。

第三,提升智能汽车品牌影响力。作为全国最大的汽车生产基地,重庆在汽车产业领域集聚了丰富的资源,近些年更是借力智能网联实现"弯道超车",步入国内智能网联汽车发展第一阵营。但是,以长安汽车、长安福特等为代表的汽车产品在行业中依然定位低端,档次不够高,竞争力相对较弱。重庆应紧抓智能网联汽车转型升级、创新发展的关键时期,把握成渝地区双城经济圈建设机遇和中国由"汽车大国"向"汽车强国"迈进的历史机遇,积极重构汽车产业布局,精心培育汽车新生态,不断深化与"政产学研用"全产业链的合作,增强产业创新力,提升智能网联汽车产业链水平,推动产业结构迈向中高端,提升"重庆造"智能汽车品牌影响力。

4.推动数据资源安全共享

在数字经济背景下,数据俨然成为新型生产要素,数字经济的发展和突破,必然需要数据这一生产要素实现流通和共享。因此,数据安全问题将成为数字经济背景下政府和企业必须要动态平衡的关键要点。在推动数字产业发展进程中,重庆只有解决好数据安全和开放共享的关系,满足市场经济下数字化转型需求,才能为数字经济下新模式、新业态的创新发展提供肥沃土壤,实现数字经济高质量发展。

二、成都数字产业的发展定位及需求

成都高度重视数字经济发展,在数字经济领域频频发力,在软件服务、集成电路、新型显示、信息安全、数字娱乐等高新技术领域形成了较强的竞争优势。未来,在数字产业布局中,应以此为基础明确数字产业的发展定位及需求,推动数字产业发展壮大。

(一)成都数字产业的发展定位

成都数字产业化优势明显,在推动数字产业发展中应以建设国家数字经济创新发展试验区为契机,以"云、网、端、数"为基础,注重生产技术由传统"硬性"要素向新型"软性"要素转

变,着力打造数字经济发展新引擎,赋能城市经济社会高质量发展。因此,成都数字产业发展的基本方向应包括以下三点:

1. 打造电子信息产业集群

成都是国家四大电子工业基地之一,是我国中西部电子信息产业重要基地,电子信息产业基础雄厚。推动数字产业发展,成都应立足电子信息产业从集成电路、新型显示、整机制造到软件服务的全产业链条优势,将电子信息产业集群打造成为成都现代化开放型产业体系中的"拳头产业",支撑经济高质量发展。

2. 推动数字文创产业蓬勃发展

成都是国家重要高新技术和现代产业基地,文创产业起步早、发展快,数字文创产业优势明显,动漫、电竞等数字游戏产业基础雄厚。因此,成都应聚焦网络文学、数字影视、数字音乐、数字动漫、数字艺术、电竞游戏等重点领域,加快发展数字文创技术创新应用,促进优秀文化资源数字转化,完善数字文创产业生态体系,推动数字文创产业融合发展,扩大数字文创市场新兴消费,拓展数字文创产业国际贸易,培育和发展数字文创龙头企业,支持重点数字文创项目,持续创作一批具有全球影响力的数字文创精品,推动数字文创产业蓬勃发展,实现数字文创从"盆地"走向"高地"。

3. 培育先进生产性服务业集群

生产性服务业是融通产业循环的重要力量、扩大社会就业的重要载体、城市核心功能的重要支撑,是全球产业竞争的战略制高点。成都应积极发挥数字产业化优势,以数字技术赋能生产性服务业转型升级,以总部经济为发展模式,以科技服务、金融服务、信息服务为核心引领,以商务会展服务、人力资源服务、节能环保服务和服务贸易为基础支撑,推动生产性服务业向专业化和价值链高端延伸,打造国家先进生产性服务业标杆城市,厚植未来发展新优势。

(二)成都数字产业的发展需求

成都着眼于建设具有全球竞争力和区域带动力的产业体系,坚持产业筑基、创新赋能,推动科技创新与产业创新协同并进,先进制造业和现代服务业深度融合,培育发展新产业、新业态、新模式,为经济高质量发展注入了强劲动力。但是,较东部发达地区,数字产业仍受限于集聚发展不够、产业规模不大及数字化转型资金等问题,数字产业化总体竞争力有待提升。

1.数字产业集聚发展需求

产业集聚有利于降低企业运营成本,提升企业竞争力。同时,集聚体内企业之间的相互作用,可以产生"整体大于局部之和"的协同效应,提高区域整体竞争力。但是,成都数字产业受规模不大、集聚发展不够等因素影响,缺乏核心竞争力。在推动数字产业发展进程中,成都亟需推进数字产业生态圈的形成,打造不同类型、不同层次的产业合作平台,加速形成数字产业集聚效应,促进数字产业创新发展。

2.数字产业能级提升需求

成都数字产业主要集中在生产制造环节,产品结构相对单

一、附加值较低。如电子信息产业主要集中在硬件制造领域,汽车、新能源、新材料等高技术产业仍处于产业链"微笑曲线"底部,技术先进、市场前沿的高端产品较少,缺少本土企业和自有品牌产品。同时,本土企业培育不足,龙头企业带动乏力,缺乏集研发、生产、营销于一体的数字企业,在关键零部件及核心技术等方面受制于人。以消费电子产业链为例,成都已经形成了完善的产业生态链。但是,在上游产业链中,仍缺乏关键原材料领域企业,且一些关键设备严重依赖进口;在中游产业链中,摄像头、显示屏及被动元件等高附加值领域缺乏本土企业。成都亟需把握数字产业发展方向,完善产业链条,扩大产业规模,不断提升产业发展能级。

3.数字化转型资金需求

对于大部分传统中小企业来说,受限于人力、资金等条件,数字化水平普遍较低,缺乏良好的信息网络基础设施,难以在短期内实现数字化改造升级。这就需要政府加大资金支持力度,以推进数字技术与传统产业深度融合。

综上所述,成渝两地数字产业虽各自都已取得较大发展。但是,数字产业集群仍处于发展初期,产业规模效应未得到有效发挥。未来,面向国家战略需要和成渝地区数字产业发展需求,成渝两地应开展更加广泛、更深层次的数字产业协同布局,形成互利共赢的内生动力,实现各类生产要素资源合理流动、高效聚集、优化配置。

第四章　成渝地区数字产业协同布局的必要性及原则研究

DI-SIZHANG　CHENGYU DIQU SHUZI CHANYE XIETONG BUJU DE BIYAOXING JI YUANZE YANJIU

第四章 成渝地区数字产业协同布局的必要性及原则研究

第一节 成渝地区数字产业协同布局的必要性

随着大城市加快向都市圈演进,产业协同已经成为区域发展的核心卡点。在推动成渝地区双城经济圈建设的大背景下,以数字产业为纽带,在更高水平上推进成渝地区高质量协同发展,是优化成渝地区数字产业结构与布局、提升成渝地区数字产业综合竞争力及在西部形成高质量发展的重要增长极、打造内陆开放高地的必然要求和重要路径。

一、优化成渝地区数字产业结构与布局的内在要求

生产力合理布局,是成渝地区双城经济圈建设的内在要求,也是成渝两地实现产业结构高级化、地理空间布局合理化的重要路径。成渝地区数字产业布局同质化问题,已经严重阻碍了

成渝地区数字产业整体效应的形成,制约了区域整体发展水平和深化的潜力。推动成渝地区数字产业协同布局,有利于破除成渝地区数字产业布局同质化障碍,推动两地在产业结构调整和布局中遵循国家发展战略要求,形成以优势产业、数字产业为引领的合理产业结构和空间布局,为区域产业和城市化实现高质量发展提供重要保障[1]。

二、提升成渝地区数字产业综合竞争力的必然选择

目前,成渝地区双城经济圈总量发展迅猛,特色产业优势突出。两地关联程度较高、互补性较强,已具备实现高质量一体化发展的基础和初步条件。推动成渝地区数字产业协同布局,有助于成渝两地充分发挥产业体系相对完整的比较优势,集中力量和优化配置生产要素资源,着力提升数字产业竞争力,形成强大的产业链和产业集群。对于两地已经形成的万亿元级的电子信息和装备制造两大产业,初具规模的消费品和新材料等制造业,发展迅猛的数字经济和高新技术产业以及现代服务业、现代化农业等产业,可以更好发挥其集聚规模优势,提升成渝地区数字产业综合竞争力。

---

[1] 易小光.大力推动产业分工协作 建设成渝地区双城经济圈现代化产业体系[J].当代党员,2020(10):44-46.

三、实现我国区域协调发展战略的必要路径

从"成渝经济区""成渝城市群"再到"成渝地区双城经济圈",一方面折射出我国区域发展战略新的历史规律,即更加注重中心城市、大都市圈的发展带动作用;另一方面折射出成渝地区区域战略定位更为重要,成渝地区双城经济圈成为继京津冀、长三角、粤港澳之后又一重大国家战略。成渝地区按照双城双圈发展战略,超前谋划数字产业布局,聚焦实际发展需求,前瞻性培育和发展特色产业集群,打造智能制造创新基地,促进两地科技创新驱动发展,形成产业高效分工、科技创新活跃的优势产业集群,这将带动西部地区产业高质量发展,实现我国区域协调发展战略。

总之,成渝地区要想形成高质量发展的重要增长极,必须强化"一盘棋"思想,贯彻"一体化"理念,找准两地数字产业比较优势,推动产业链、供应链、价值链、创新链融合发展,并据此大力推动成渝地区双城经济圈数字产业分工协作与布局,打造具有国际竞争力的数字产业集群,形成产业协同发展新局面,构建我国区域协调发展新格局。

第二节 成渝地区数字产业协同布局的原则

成渝地区双城经济圈数字产业协同发展的实质在于推动成渝地区数字产业高效分工、错位发展、有序竞争、相互融合，打造全产业链集群，进而实现产业基础高级化和产业链现代化。从这个意义上讲，成渝地区双城经济圈内部各区域既要进行产业合作，也要保持产业竞争，即在竞争中合作、在合作中竞争，这是推进数字产业协同发展的现实要求与重要原则。因此，在具体实践中，成渝地区可以从以下方面出发，明确数字产业发展定位、推进数字产业协同布局，实现成渝地区数字产业高质量发展。

一、尊重核心利益的原则

从区域经济学的视角看，城市群"协同发展"属于区域经济合作的范畴，本质上是一次"区域再分工"，而区域分工（又称区际分工）起源于区域之间的差异以及由此决定的利益机制。"区域利益"作为城市的核心利益,是一切区域经济行为产生与发展的基础,对"区域利益"的追求以及利益点的吸引力构成的利益机制是区域经济活动的基本动力及约束机制,也是区域发展的源泉。在推动区域一体化发展过程中,相邻城市自然地理环境的相似性及地方政府作为"理性经济人"出于对各种经济、政治利益的考量,使得地方政府在产业布局及发展利益上存在一定冲突。当涉及城市自身核心利益时,参与城市往往畏首畏尾,不愿意合作。只有区域经济协同发展的"区域利益"协调机制建立起来了,才能有效解决地区间的利益冲突,使各地区实现共同发展[①]。

成渝地区数字产业协同布局的出发点是整体利益共享,要想打破地区内"小而全""大而全"的产业空间格局,必须强化成渝地区数字产业资源优势互补,深化数字产业供给侧结构性改革,形成产业布局合理、产业分工有效的合作基础体系,充分尊重地区发展的核心利益,以资源禀赋优势和合理取舍提升成渝地区数字产业的分工协同布局,避免相互争夺有限资源的恶性竞争。

---

① 盘和林.城市群协同发展应关照区域利益[N].国际金融报,2017-02-13.

二、实现错位发展的原则

城市群基于不同城市产业发展的比较优势,依靠发达的交通网络和共享基础设施,在城市之间进行产业的精细化疏解与承接。这样既维持了城市群产业结构的完整性,又促使不同城市割裂化、同质化的竞争关系有所改观,突破城市之间局域化分工模式的局限性,强化城市之间产业分工的连锁关系,促使城市群最终形成错位发展、功能互补、多中心协同的城市共生体系[①]。

从成渝地区各自特点和优势出发,避开与其他先发展地区相同的发展模式,开辟以重视打牢基础、发挥特色优势、突出开放创新、实现民生幸福为主要亮点的错位发展之路,规避趋同性的恶性竞争,实现两地融合互补式发展[②]。

成渝地区数字产业的发展定位与协同布局,必须以错位发展为合作前提,将重庆产业数字化优势和成都数字产业化优势深入结合,强化两地数字产业政策协调和规划衔接,优化区域功能布局,走异质性同构、差别化竞争的特色化产品发展之路,延伸型产业错位之路,合力打造世界级万亿级特色产业集群和国际战略性新兴产业集群。

---

① 侯杰,张梅青.城市群功能分工对区域协调发展的影响研究——以京津冀城市群为例[J].经济学家,2020(6):77-86.
② 杨继瑞,周莉.基于合作之竞争博弈的成渝双城经济圈良性关系重构[J].社会科学研究,2021(4):100-109.

三、形成补链成群的原则

2020年以来,习近平总书记多次强调,要推动形成以国内大循环为主体、国内国际双循环相互促进的新发展格局。构建新发展格局的关键在于贯通生产、分配、流通、消费各环节,推动经济活动在国内各个环节、各个产业、各个部门和各个区域之间的循环畅通与高效配置[1]。这是因为产业链上下游各环节环环相扣,供应链前后端供给需求关系紧密关联耦合。生产和供给是经济循环的起点,若其稳定性出了问题,整个产业链供应链都会受到影响,正常稳定的生产和供给就难以得到保障,经济循环也难以顺畅运转[2]。

随着全球产业链加速重构,成渝地区数字产业发展短板逐渐凸显,在部分关键零部件及核心技术上非常依赖国际供应链,一些产业上下游虽然都在国内,但链条过于分散,产业之间尚未形成有机联系。因此,成渝地区在谋划数字产业协同发展"施工图"时,要以支柱产业为载体,站在国家战略高度来谋划发展,站在一体化角度来融合互动,立足自身优势和区域特色,坚持软件和硬件并重,产业配套链、要素供应链、产品价值链、技术创新链"四链"融合,开展跨区域的研发、制造、服务、消费等全方面合作,携手为数字产业"补链成群",推动产

---

[1] 王一鸣.百年大变局、高质量发展与构建新发展格局[J].管理世界,2020,36(12):1-13.
[2] 黄汉权.多措并举增强产业链供应链自主可控能力[N].中国经济时报,2020-12-31.

业更高水平、更大规模发展,打造具有全面影响力的数字产业"生态群落"。

四、合理分担成本的原则

推动城市群产业联动发展是建设现代化经济体系的重要内容,是我国实现区域协调发展、打造世界级创新平台和增长极的重要载体,也是推动我国经济从新冠肺炎疫情中尽快恢复增长、提质增效的重要驱动[1]。但是,在城市群产业联动发展过程中,不同地方所直接支付的区域治理成本并不一定对等。在城市群产业协同发展中,如果缺乏合理的成本分担机制,可能会影响城市间的深入合作。在现代市场经济中,区域合作的逻辑起点是"经济人"理性[2]。合理的成本分摊和利益补偿机制是促进区域间合作,并保持合作持续的关键。因此,成渝地区推动数字产业协同发展,必须以坚持合理分担成本原则为前提,通过建立起一整套完善的成本分担机制,厘清政府、企业和个人分担的成本,成为产业共链、成本共担、利益共沾的"共同体"[3]。

---

[1] 杨英杰.形成以城市群为主要形态的增长动力源[N].成都日报,2020-04-01.
[2] 庄士成.长三角区域合作中的利益格局失衡与利益平衡机制研究[J].当代财经,2010(9):65-69.
[3] 方创琳.京津冀城市群协同发展的理论基础与规律性分析[J].地理科学进展,2017,36(1):15-24.

五、注重产业安全的原则

当前,随着产业全球化发展以及交通运输、信息通信技术的进步,我国正在形成面向全球市场的产业生态链和生态圈,这意味着我国产业安全面临更为严峻的挑战和巨大的竞争风险。一方面,基础设施、物理资产等成为潜在攻击对象,数字基础设施安全保障能力成为数字产业发展的"生命线";另一方面,部分核心技术和关键零部件等集中在少数国家或企业手中,导致产业链、供应链自主可控受到严重威胁。成渝地区作为"双循环"的门户和枢纽,在推动数字产业协同布局进程中,更应坚持产业安全原则,强化关键基础设施保护,高度重视数据保护标准建设,并坚持自主可控、安全高效,分行业做好供应链战略设计和精准施策,推动全产业链优化升级,构筑数字产业安全防护墙,为数字产业稳定运行提供安全保障。

六、规避恶性竞争的原则

经济全球化、信息技术革命及世界经济结构的调整,改变了经济运行的空间秩序,区域或国家之间的竞争日益演变为城市间的竞争。在城市彼此独立的条件下,利益驱动使城市在较长时期内采取非合作博弈策略,导致城市间恶性竞争日趋激烈。

尤其在产业布局中,各城市间的恶性竞争不仅造成资源的极大浪费,同时也给社会带来了严重影响。与传统工业强调"链控制"模式不同,数字产业强调"圈合作"思维,其发展离不开聚合各类数据要素、数字技术、平台企业的生态圈。

因此,成渝两地发展数字产业既要引进来,也要走出去,尤其是打破行政区之间的恶性竞争,打造开放合作"圈",携手推动数字经济高质量发展。具体来看,一方面要善于引进共享要素资源,探索"本地化+落地化"服务模式,深化与国内外数字经济领域的合作交流,积极推进知名企业在当地设立区域总部或研发中心;另一方面要紧抓建设成渝地区双城经济圈机遇,按照加快建设统一开放、竞争有序的市场体系的要求,深化川渝公平竞争审查一体化合作,强力维护公平竞争市场秩序,打破地区封锁,破除行政壁垒,推动成渝地区区域性数字化基础设施、公共数据资源和服务平台共建共享,为成渝地区数字产业发展构建良好的市场竞争环境。

总之,成渝地区要紧抓双城经济圈建设战略机遇,在尊重城市群合理利益的基础上,坚持尊重核心利益、实现错位发展、形成补链成群、合理分担成本、注重产业安全、规避恶性竞争的原则,集中精力办好自己的事情,同心协力办好合作的事情,唱好成渝地区"双城记",共建数字经济圈,打造带动全国高质量发展的重要增长极和新的动力源。

第五章　成渝地区数字产业发展定位与协同布局的路径研究

第五章 成渝地区数字产业发展定位与协同布局的路径研究

第一节 成渝数字经济试验区的总体定位

按照党中央、国务院关于数字经济发展的战略部署,河北省(雄安新区)、浙江省、福建省、广东省、重庆市、四川省等6个省市已被纳入国家数字经济创新发展试验布局。成渝两地应对标国家数字经济创新发展试验区要求,立足自身实际情况,明确数字经济试验区总体定位,为成渝地区数字经济高质量发展绘出施工蓝图。

一、探索数字产业集聚发展模式,共建世界级产业集群

产业集聚可以使同一行业上下游企业间的联系更加密切,要素在区域内的流动速度加快,且资源的共享程度加深,降低了企业的生产成本,进而带来正向的外部规模效应[1]。成渝两

---

[1] 肖纯.产业集聚对中国制造业国际竞争力的影响研究——规模效应与拥挤效应[D].北京:北京交通大学,2019.

地在推动数字经济创新发展试验区中,应以成渝地区双城经济圈建设为战略牵引,发挥极核效应,共抓产业协作"一条链",探索数字产业集聚发展模式,加快推动经济区与行政区适度分离,以平台城市思维在成渝地区构建网络化功能布局,推动规划协同、政策协同、功能共享,共同建设高水平汽车研发制造基地,联手打造电子信息、装备制造等具有全球影响力和国际竞争力的现代产业集群,全面提升区域经济社会发展的协同性和承载力。

二、强化数字新基建共建共享,打造先进新基建标杆区

随着社会信息化、数字化的不断深入发展,数字基础设施的建设将变得越来越重要,构筑空天地一体化的信息服务体系,已经成为现阶段全行业、全社会的共识。成渝地区作为国家数字经济创新发展试验区,应积极抢抓新业态新机遇,在以5G、工业互联网、卫星互联网、区块链、数据中心、智能计算中心等为代表的新型基础设施建设方面加强合作,补齐新型基础设施短板,强化两地间互联互通。包括以5G、工业互联网、数据中心等为抓手,率先构建全国一流的新型基础设施建设服务体系;以国家级互联网骨干直联点、根镜像服务器、千兆宽带城市群为支撑,大幅提升区域网络能力,打造国际性区域信息枢

纽;以建设全国一体化算力网络国家枢纽节点为统揽,构建全国算力网络体系,引导数据中心集约化、绿色化发展,强化数字新基建共建共享,打造先进新基建标杆区,为数字产业发展壮大提供充足的基础支撑。

三、探索数字经济和实体经济融合路径,共建数字经济新高地

产业是经济的核心,推动数字经济和实体经济深度融合必须落脚在产业的深度融合上,以数字技术推动产业由原来的上下游、产供销的线性关系向立体、多维的网络化、生态化方向发展。作为国家数字经济创新发展试验区,成渝地区应以培育产业生态为抓手,探索数字经济和实体经济融合路径,共建数字经济新高地[①]。成渝地区应以智能化应用为重点,强化专项政策引导与支持,深入实施工业互联网创新发展行动,持续开展"企业上云"等行动,发展"互联网+先进制造业"、数字农业、数字消费新业态新模式,加快传统行业数字化转型、生活性服务业数字化智能化转型,大力推广电子商务、在线教育、在线医疗、跨境电商等线上消费、线上生活服务新业态,实现成渝城市群高质量发展。

---

① 葛红玲,杨乐渝.实现数字经济和实体经济深度融合[N].经济日报,2021-01-19.

四、提升政府治理数字化水平,构建超大城市智慧治理新范式

当前,传统治理、监管模式已经无法满足数字经济发展新形势新要求,加快政府数字化转型,探索多元参与的协同治理体系,成为政府能力提升的必然选择。作为国家数字经济创新发展试验区,成渝两地应围绕增强人民群众获得感、幸福感、安全感,聚焦政务服务、城市治理、生活服务、风险防控、产业发展等重点领域,以智能基础设施为基础、信息网络为平台、"城市大脑"为智能中枢,搭建应用开发生态及创新支撑体系、网络安全管理和防护体系、智慧城市标准和规范体系;基于统一的数据资源中心联通汇聚各类城市运行数据,支撑政务服务、城市运行、生活服务、风险防控、产业发展智慧化应用,实现惠民、利企、善政、兴业,为全力推动成渝地区双城经济圈和践行新发展理念的数字经济创新试验区建设提供智慧服务,提升政府治理数字化水平,构建超大城市智慧治理新范式。

五、强化数字经济国际合作,打造国际交流合作平台

成渝地区作为我国构建双循环新发展格局的重要节点,得天独厚的地理区位优势,为更好发挥国际枢纽通道的规模效应和产业、贸易集成带动效应奠定了基础。同时,支撑成渝地区

更好发挥"一带一路"桥头堡作用,提升数字经济国际合作力度。因此,成渝地区在建设数字经济创新发展试验区中,应以此为契机,通过共建"一带一路"科技创新合作区和国际技术转移中心,共同举办"一带一路"科技交流大会,开展科技人文交流,共建联合实验室、科技园区合作、技术转移等,积极推进中国—欧盟、中国—东盟、中国—南亚等技术转移中心建设,强化数字经济国际合作,打造国际交流合作平台,提升我国数字经济发展水平。

总体来看,成渝地区应把握先机,结合自身优势和我国经济结构转型特点,围绕探索数字产业集聚发展模式、完善数字新型基础设施、以智能化应用为重点、开展超大城市智慧治理、强化数字经济国际合作等总体定位,全力推进国家数字经济创新发展试验区建设,努力形成可复制、可推广的经验,着力打造我国创新发展的标杆,做强做优做大数字经济。

第二节 成渝地区数字产业的优势互补

习近平总书记指出,新形势下促进区域协调发展,总的思路是:按照客观经济规律调整完善区域政策体系,发挥各地区比较优势,促进各类要素合理流动和高效集聚,增强创新发展动力,加快构建高质量发展的动力系统,增强中心城市和城市群等经济发展优势区域的经济和人口承载能力,增强其他地区在保障粮食安全、生态安全、边疆安全等方面的功能,形成优势互补、高质量发展的区域经济布局[①]。成渝地区应找准数字产业发展定位,有效发挥比较优势,形成合理的专业分工格局和经济发展圈层,促进各类要素合理流动和高效集聚,形成优势互补、高质量发展的区域经济布局。

一、重庆产业数字化与成都数字产业化优势对接

重庆工业基础雄厚,产业数字化有丰富应用场景。成都在IT和互联网领域实力较强,数字产业化优势明显。推动成渝地区数字产业协同发展,应聚焦两地产业优势,充分发挥共建共享的制度优势,把竞争思维转化为合作思维,形成重庆产业数字化优势和成都数字产业化优势良性循环,共建国家级工业互联网一体化发展示范区,推进新一代信息技术与制造业深度融合发展。

根据四川省经济和信息化厅、重庆市经济和信息化委员会联合制定的《2021年成渝地区工业互联网一体化发展示范区建设工作要点》,在具体实践中,成渝地区应从加快网络基础设施

---

① 习近平.推动形成优势互补高质量发展的区域经济布局[J].当代党员,2020(1):1-3.

建设、加快工业互联网平台发展、加强网络安全保障、强化数字产业支撑、加快构建产业生态体系出发，构建"五位一体"的产业数字化和数字产业化优势对接体系，推动成渝地区工业互联网一体化发展示范区建设。

(一)加快网络基础设施建设

成渝地区应协同建设工业互联网标识解析节点，推动川内节点与重庆顶级节点互联互通，支持成渝地区重点行业企业联合共建共用一批二级节点；合作加快企业网络升级改造，支持成渝地区工业企业与基础电信企业深度合作，建设一批"5G+工业互联网"典型应用场景，利用新型网络技术加快企业内外网升级改造；联合打造网络测试验证平台，支持成渝地区企业、科研院所、高校等联合建设网络测试验证平台，推动窄带物联网、5G网络、第六代无线网络技术、时间敏感性网络等技术测试与落地。

(二)加快工业互联网平台发展

成渝地区应汇聚工业互联网服务企业、工业企业、第三方机构等资源，建成"成渝地区工业互联网一体化公共服务平台"，共建"成渝地区工业互联网产业资源池"，加强供需对接；支持培育一批综合服务的工业互联网平台，鼓励跨行业跨领域发展，支持跨地区拓展市场服务，支持成渝地区企业建设有特色的、专业的垂直行业或区域平台；聚焦工业设备和业务系统"上云上平台"，加快推动成渝地区企业"上云";加快建设成渝地区工业互联网一体化发展示范区,依托位于重庆两江新区的国家顶级节点,围绕网络基础设施、平台体系、安全保障体系、产业支撑、融合应用、生态体系六大领域推进19项具体工作任务,打造成渝地区工业互联网标识解析服务网络。

(三)强化网络安全保障

成渝地区应强化安全工作联动,通过开展工业互联网企业网络安全分类分级管理试点,形成重点企业清单和重要数据保护目录,落实企业安全主体责任,联动开展安全应急演练;打通成渝地区省级工业互联网安全态势感知平台,推动监测、风险、威胁等信息共享,加强安全态势联合研判,支持工业互联网安全能力评估服务,加强安全技术监测;发挥网络安全解决方案供应商比较优势,支持区域内企业加强网络设施安全、设备和控制安全、平台和工业应用程序安全、数据安全等能力建设,在成渝地区建设集约化网络安全运营服务中心,打造工业互联网安全创新应用示范区,争创国家级工业信息安全创新中心。

(四)加强数字产业技术支撑

成渝地区应培育和引进一批相关研发中心、研究院、实验室、测试床、推广体验中心、实训基地、孵化基地、成果转化平台等创新载体,鼓励区域内软件企业、工业企业、科研院所、高校等加强关键技术联合攻关和标准研制；支持重庆两江新区、南岸区、北碚区、垫江县等区县与四川省天府新区、绵阳市、德阳市、泸州市、眉山市等市加强合作，探索跨行政区组团发展模式建设，以工业互联网推动地区产业协作共兴；引导成渝地区优势软件企业开展跨行业、跨领域、跨区域的协作示范，推动产业链分工协作，支持成渝地区软件企业与平台企业、工业企业等市场应用主体开展合作。

（五）构建数字产业生态体系

成渝地区应联合编制《成渝地区工业互联网典型案例集》，加强对工业互联网创新发展经验的推广；联合举办工业互联网相关会议、赛事、展会、论坛等活动，聚集成渝地区产业生态各方核心力量，组建成渝地区工业互联网创新联盟；强化成渝地区工业互联网创新发展政策协同支撑，面向重点行业领域共同培育工业互联网新技术新业态新模式，联手构建成渝地区工业互联网平台运行监测体系；依托成渝地区工业互联网公共服务平台、国家工业互联网大数据中心分中心等载体，汇聚各类企业数据资源，推动成渝地区企业征信信息共享，打造成渝地区企业云图，引导金融机构创新信贷、保险、金融等服务模式。

二、重庆数字技术需求与成都数字技术研发优势对接

在推进产业数字化转型进程中,重庆由于核心技术支撑能力不足、关键基础材料较多依赖进口等因素,数字产业创新动力不足,产业数字化转型受限。成都的科教资源密集、创新活动集中、科教成果丰富,为数字产业化发展提供了充足的人才、技术、创新和市场支撑。但是,成都数字产业的核心竞争力不足、科技成果转化效能有待激发等影响了数字产业化进程的深入推进。因此,可以将重庆的数字技术需求与成都的数字技术研发优势有效对接,促进科创资源的有序流动,共建成渝地区数字经济创新高地。

(一)建立顺畅高效沟通机制,保证创新要素自由流通

成渝地区高层次人才跨区域流通有限,缺乏成熟的多元化科技创新投融资体系,企业联盟和技术服务平台尚未完全共建共享,要素良性协同创新格局有待进一步强化。因此,成渝地区可以通过共建创新要素跨区域协同配置机制,实现资源要素的便利化和集约化,促进区域创新要素高度集聚、自由流动与高效配置;打破地域分割,促进创新人才跨区域协作、创新资金跨区域流动、科研仪器设备与数据跨区域开放共享,营造良好的创新要素共享环境[1]。

---

[1] 成都科技顾问团.G60科创走廊协同创新模式对成渝"一城多园"共建西部科学城的启示[J].决策咨询,2020(5):17-19.

(二)推动主导创新主体协作,强化产学研和军民合作

首先,成渝两地应基于成都科研机构、高校的优势和重庆企业创新主导地位的客观情况,积极推动两地产学研合作策略。同时,两地可以通过科技计划项目设立产学研合作技术创新专项,助推企业、高校和科研机构深度融合创新,推动产学研合作逐步成为两地协同创新特色。其次,深入推进两地军民科技协同创新。落实成渝,特别是四川省政府与科技部、中央军委科技委合作协议,积极推进两地军民科技协同创新平台建设,组织推进军民科技协同攻关和双向转移转化。推进军民两用技术交易中心、技术转移中心和创客空间建设①。

(三)促进数字产业集聚,构建数字产业创新生态

成都在电子信息产业领域有着最优质的院校基础("两电一邮"中的"一电"位于此),且从产业集群来看,成都在微电子、固体电子等方面有着丰富的人才优势。重庆高新区聚集高校院所14所,构建了以大健康、新一代信息技术、先进制造、高技术服务为主导的现代产业体系。因此,在产业布局层面,成渝地区应围绕两地比较优势,以技术优势和产业需求为抓手,着力构建创新小弧线和制造大弧线的产业空间新格局,推动产学研深度融合和两地优势对接,共建数字产业新高地。在政策支撑层面,成渝地区应联合出台产业集群一体化相关文件,加快成都科研机

---

① 刘冬梅,赵成伟.成渝地区建设全国科创中心的路径选择[J].开放导报,2021(3):72-79.

构和高校高精尖技术在重庆企业领域的转化应用,为产业发展提供技术支撑;推动重庆企业通过技术创新深度融入科研机构和高校创新体系,为企业发展集聚更多创新资源。围绕现有基础和优势特色,明确哪些科技能在短时间内掌握话语权、发挥引领作用。然后抓住重点突破,打造"高原和高峰",协同推进科技产业发展。

总之,成渝地区数字产业协同发展必须深入贯彻落实中央重大战略部署,以成渝地区双城经济圈建设为战略引领,深化成渝地区数字产业互动,整合数字产业资源,实现数字产业链及产业创新能力的优势互补,提升数字产业配套合作、强化数字技术创新支撑作用,加快打造先进数字产业集群,共同为成渝地区数字经济圈建设贡献力量。

第三节　成渝地区数字产业的补链成群模式

当前,成渝地区"卡脖子"技术和产品"断链"风险仍然存在,基础原料和上游供应链配套威胁日益加剧。加强成渝地区数字产业协作发展,围绕创新链、资金链、产业链进行研发、引导、梳理,推进数字产业集群发展是关键。成渝两地应聚焦共同优势产业,紧扣产业链、创新链、资金链中的关键环节和薄弱环节,通过转化研发成果、梳理产业链之间的合作及引导企业资金,充分发挥产业间的联动作用,全域推进数字产业集群建设,全链统筹数字产业集群发展,全面提升数字产业集群能级,打通上下游产业链,打造更具竞争力的产业集群。

一、发挥龙头企业虹吸效应,加速新兴产业集聚

龙头企业将在成渝地区数字产业补链成群中发挥关键作用。这是由于在数字经济产业领域,一些龙头企业已经积累了大量数据,其科技创新有真实的应用场景,能驱动技术迭代,以及为基础性、战略性的研究指明方向。同时,在生态构建方面,龙头企业紧抓产业生态,构建产业应用,把基础研究和产业生态应用紧密地结合起来,形成良性循环。因此,成渝地区在推进数字产业补链成群方面,可以以引进龙头企业为突破口,瞄准行业重点企业和配套企业,精心绘制产业链招商图谱,精准招引龙头企业,为大中小企业之间的关联合作创造机会,推动形成"补链成群"的生态效应,提升数字产业发展质量。

二、打通产业链堵点,补齐做强数字产业短板

在新发展阶段,打造具有国际竞争力的数字产业集群的实质是遵循产业链现代化规律,锻造自主可控、安全高效的数字产业集群,形成成渝地区双城经济圈建设的强力引擎。因此,成渝地区数字产业协同布局要以实现数字产业补链成群为出发点,打通产业链的堵点和难点,补齐做强成渝地区数字产业链。

(一)点链结合,突破数字产业转型升级的技术堵点

攻克"卡脖子"技术、实现高水平科技自立自强,已成为举国共识。成渝地区数字产业补链成群,应聚焦重点产业,强化预期管理。在重点方向选择上,通过系统梳理重点产业链、优势产业链的技术突破清单目录,打好数字产业关键核心技术攻坚战,集中攻克一批制约产业链自主可控、安全高效的核心技术,以点带面,点链协同,塑造成渝地区数字产业集群集聚优势和国际竞争优势。因此,成渝地区一方面要强化基础研发投入,实施好产业基础再造工程,筑牢技术突破的基座,推动构建高标准的产业基础体系;另一方面要加速企业主体的创新转型,以大批量培育掌握核心技术、独门秘诀的"隐形冠军"为突破口,带动成渝地区科创企业的集群式涌现。

(二)动态平衡,畅通数字产业供需匹配的市场堵点

成渝地区既要用好西方发达国家市场施压所催生的倒逼效应,加速代工模式创新转型,也要用好"一带一路"市场新空间,探索构建以我为主的新兴产业链供应链。针对供需动态平衡面临的市场堵点,成渝地区要着力深化要素市场化改革,推动要素价格市场决定、流动自主有序、配置高效公平。同时,充分运用我国市场需求的多层次性和区域梯度发展的差异性特质,推动产业稳健转移和有序分工,避免产业中低端环节过早萎缩或转移国外,在更充分的国内市场竞争中锻造数字产业核心优势,通过供需双向发力,不断打破既有边界,形成需求牵引供给、供给创造需求的更高水平动态平衡,提升数字产业整体效能,牵引产业链持续升级。

(三)增强韧性,补齐数字产业资源要素的供给断点

当前,世界进入动荡变革期,不稳定性不确定性明显增加,成渝地区共建数字产业集群面临诸多现实和潜在风险,必须坚持底线思维,充分考虑受到遏制封锁、重大疫情蔓延等极端情形,逐步补齐关键资源要素供给的断点、漏洞、缺环。针对部分资源要素供应主体、源头、方式单一的问题,推动产业链供应链多元化,构建必要的产业备份系统和适度的冗余。针对产业链重点领域和关键环节,依托企业构建关键零部件、材料、设备等备份生产、应急储备、调运配送等体系,力争重要产品和供应渠道至少有一个替代来源。

三、建立数字产业联盟,提升数字产业配套合作水平

建立数字经济产业联盟,一方面可以推动联盟成员间信息互通、资源共享和生态共建;另一方面可以助力建强产业链、优化供应链、提升价值链,进一步提升产业链供应链现代化水平。目前,重庆两江新区、四川天府新区已经联合成立了包括汽车、电子信息、科技创新、文创会展、现代金融、数字经济、总部经济、生物医药等八大产业联盟,覆盖了两江新区、天府新区的优势产业体系。未来,对于产业链条较短、规模相对较小的新兴产业,成渝地区可以由政府牵头组织众多产业相关的中小企业组团,成立数字经济产业联盟,为产业合作搭建平台载体,以此来吸引数字经济产业链上下游企业入驻成渝,为成渝地区数字经济产业发展培育良好生态圈。

总体来看,成渝地区数字产业发展过程中面临的龙头企业少、产业分布散、集群效应不明显等问题,影响了成渝地区数字产业整体竞争力的提升。未来,成渝两地应从发挥龙头企业虹吸效应,加速新兴产业集聚;聚焦打通产业链堵点,补齐做强产业链;建立数字产业联盟,提升产业配套合作水平着手,构建完善的数字产业补链成群模式,推动成渝地区数字产业蓬勃发展。

第四节　成渝地区数字经济与实体经济的融合

推动数字经济和实体经济的深度融合,可以进一步发挥数字经济的溢出效应,提高经济质量效益和核心竞争力。成渝地区应从产业数字化转型投融资支持、统筹建设高水平的"新实体经济"产业集群等方面出发,提供软硬条件支撑,推动数字经济与实体经济深度融合,打造具有国际竞争力的"新实体经济"。

一、完善传统企业数字化转型政策支持

随着互联网技术的快速发展,大数据、物联网、共享等技术或理念已经在传统企业中广泛应用。在海量的数据冲击下,传统企业的数据管理发生了革命性变化,传统的数据管理模式已无法满足现代企业对数据的需求。同时,企业的生产制造、营销等方面都面临转型升级的时代形势,企业数字化与转型升级成为企业提升竞争力的必由路径。然而,大部分传统企业面临数字化基础差、转型成本高及转型周期长等问题,导致传统企业"不会转"

"没钱抓""不敢抓"。因此,成渝地区需要积极完善传统企业数字化转型政策支撑,为传统企业数字化转型提供动力支撑。

成渝两地可以通过地方政府专项债务支持符合条件的企业改造升级,或鼓励金融机构开发科技项目融资担保、知识产权质押融资等产品和服务,完善多元化投融资支持政策,为传统企业数字化转型提供资金支撑。通过遴选和树立若干具有行业代表性的数字化、网络化、智慧化转型标杆企业,深入研究总结转型模式和经验做法,提炼形成系统化解决方案,将相关经验做法对行业内的中小企业进行示范推广,降低其转型成本。此外,还可以搭建转型服务供给方与转型服务需求方对接机制,引导平台企业、具有产业链带动能力的核心企业开放资源、提供技术,为产业链上下游企业提供转型升级的伙伴支持,形成贯通产业链上下游和跨行业融合的"新实体经济"[①],激发成渝地区传统产业数字化转型升级活力。

二、统筹建设高水平的"新实体经济"产业集群

随着经济全球化进程的不断推进和信息技术的快速发展,产业集群成为企业提升自身竞争力的重要载体,产业集群化则成为当下产业发展的必经之路。企业作为集群网络中的单元,深化与各单元之间的沟通合作,强化各单元之间的联结

---

① 吴君杨.打造数字科技与经济发展深度融合的"新实体经济"[J].中国党政干部论坛,2020(12):69-71.

强度是提升产业竞争力的重要途径[1]。因此,成渝地区一方面可以根据自身产业基础,结合区域经济发展战略方向,围绕重点龙头企业,利用优惠政策,吸引相关企业聚集,同时吸引上下游产业链企业聚集,加快形成"新实体经济"的规模化发展;另一方面,积极利用产业聚集效应,做大做强一批创新能力强、辐射作用突出的"新实体经济"骨干企业,带动周边中小企业发展,培育发展一批专注细分领域的"小巨人"企业和"单项冠军"企业。

综上所述,成渝地区要紧抓新一轮产业技术革命的机遇,完善传统企业数字化转型政策支持,营造数字经济与实体经济融合环境,统筹建设高水平"新实体经济"产业集群,释放场景、制度、文化与市场的潜能,加快推进成渝两地数字产业化、产业数字化,推动成渝地区经济高质量发展。

第五节 成渝地区承接数字产业转移的差异化

近年来,我国东西部地区经济发展呈现出明显的"二元结构"特征。其中,产业发展差距的持续扩大,已成为中国经济发

---

[1] 左安斌.产业集群视角下关系嵌入对流通企业技术创新绩效的影响机制[J].商业经济研究,2021(15):33-36.

展过程中发展不平衡的重要原因,也是当前社会主要矛盾的重要体现。随着经济全球化的持续推进,中国东部地区产业结构调整和转型升级的进程逐渐加快,资本、技术、劳动力等在区域间的流动十分活跃。同时,随着"西部大开发""区域协调发展"等战略以及"一带一路"倡议的提出和实质性推进,西部地区交通等基础设施建设和招商引资环境不断完善、对外开放水平进一步提高、产业承接能力不断加强,为东部地区产业转移提供了强劲动力[①]。

阿卜杜热伊木·阿卜杜克热木等选取产业吸引能力、产业发展能力、产业支撑能力、产业选择能力4项一级指标与16项二级指标,采用熵值法对我国各区域承接产业转移的能力及空间差异进行具体分析(数据来源为2008—2018年的《中国统计年鉴》)。其步骤如下[②]:

第一步,采用极值标准化法对 $X=(X_{ij})_{n\times m}$ 进行无量纲化处理,得到矩阵 $Y=(Y_{ij})_{n\times m}$。

第二步,计算第 i 个个体在第 j 项指标下的比重 p_{ij},得到矩阵 $P=(p_{ij})_{n\times m}$:

$$P_{ij}=y_{ij}/\sum_{i=1}^{n}y_{ij}$$

第三步,计算第 j 项指标的熵值 h_j:

[①] 刘明,王霞,金亚亚.西部地区承接制造业转移能力评价及承接策略[J].统计与信息论坛,2020,35(8):91-101.

[②] 阿卜杜热伊木·阿卜杜克热木,阿布来提·依明.我国区域产业转移承接对经济增长的溢出效应研究[J].无锡商业职业技术学院学报,2021,21(3):9-19.

$$h_j = \frac{1}{\ln n} \sum_{i=1}^{n} p_{ij} \ln p_{ij}$$

第四步，确定第 j 项指标的权重 w_j：

$$w_j = \frac{1-h_j}{m} - \sum_{j=1}^{m} h_j$$

第五步，计算个体的总分 E_i：

$$E_i = \sum_{j=1}^{m} w_j p_{ij}$$

按照上述步骤，对4个一级指标得分构成的矩阵 $\boldsymbol{X}=(x_{ij})_{31\times 4}$ 进行计算，得到一级指标的权重矩阵 $\boldsymbol{W}_{4\times 1}=(0.21676936,0.10194919,0.42997836,0.25130308)^{\mathrm{T}}$。最后根据 E_i 公式计算得出各个地区的产业转移承载能力分值。

从表5-1中可以看出，2008—2012年，我国产业转移承接能力平均得分最高的是广东、上海、浙江、江苏、山东、北京6个地区排在第一档次，大部分东部地区和中部地区排在第二档次和第三档次，西部地区除四川产业承载能力排在第二档次，大部分都处在第三档次和第四档次。总体来看，一线城市与东部沿海城市产业转移承接能力较强。在西部地区产业转移承接能力的衡量中，成渝地区产业转移承接能力明显高于西部其他城市。

2013—2014年，我国相继提出"一带一路"倡议和"新常态"概念，成渝地区产业转移承接能力保持平稳发展态势；2015—2018年，四川和重庆产业转移承接能力在西部地区处于领先地位，但是相较于2008—2014年，产业转移承接能力明显下降，分别位于第三档次和第四档次。造成这种现象的原因可能是随着产业发展,成渝两地土地、环境等承载能力不断下降,劳动力、土地等成本不断提高。

表5-1 各地区产业转移承接能力和地区生产总值平均增加值时空演变情况

时段	发展水平	产业转移承接能力	地区生产总值平均增加值
2008—2012年	第一档次	广东、上海、浙江、江苏、山东、北京	山东、江苏、广东
	第二档次	福建、湖南、湖北、安徽、河南、河北、天津、辽宁、四川	浙江、上海、辽宁、河北、河南、湖北、湖南、四川
	第三档次	广西、云南、江西、重庆、山西、陕西、内蒙古、黑龙江、吉林	北京、天津、吉林、黑龙江、内蒙古、山西、陕西、安徽、江西、福建、广西、云南、重庆
	第四档次	贵州、新疆、西藏、青海、甘肃、宁夏、海南	贵州、海南、新疆、西藏、甘肃、宁夏、青海
2013—2014年	第一档次	广东、上海、江苏、山东、北京	山东、江苏、广东
	第二档次	浙江、福建、湖北、安徽、河南、河北、辽宁、四川	浙江、上海、辽宁、河北、河南、湖北、湖南、四川、福建
	第三档次	广西、江西、重庆、山西、陕西、内蒙古、黑龙江、天津、湖南	北京、天津、吉林、黑龙江、内蒙古、山西、陕西、安徽、江西、广西、云南、重庆
	第四档次	贵州、新疆、西藏、青海、甘肃、宁夏、云南、吉林、海南	贵州、海南、新疆、西藏、甘肃、宁夏、青海
2015—2018年	第一档次	广东、江苏	山东、江苏、广东
	第二档次	北京、山东、浙江、上海	浙江、上海、河北、河南、湖北、湖南、四川、福建
	第三档次	福建、湖南、湖北、河南、安徽、河北、辽宁、天津、陕西、四川	辽宁、北京、天津、吉林、黑龙江、内蒙古、山西、陕西、安徽、江西、云南、重庆、贵州、新疆

续表

时段	发展水平	产业转移承接能力	地区生产总值平均增加值
	第四档次	新疆、西藏、青海、甘肃、宁夏、广西、云南、贵州、重庆、江西、吉林、黑龙江、内蒙古、山西、海南	海南、西藏、甘肃、宁夏、青海

《中华人民共和国国民经济和社会发展第十四个五年规划和2035年远景目标纲要》明确提出:"优化区域产业链布局,引导产业链关键环节留在国内,强化中西部和东北地区承接产业转移能力建设。"在这一背景下,成渝地区亟待抢抓国家新发展格局历史机遇,基于产业发展阶段、发展需求和战略导向,贯彻落实党中央、国务院有关决策部署,突出区域特色,系统谋划产业转移承接工作,提升产业转移承接能力,打造新的经济增长链,全力推动成渝地区双城经济圈高质量建设。积极承接数字产业转移,对成渝地区打造西部高质量发展的重要增长极具有重要意义。

一、重庆承接数字产业转移重点产业

重庆在承接数字产业转移布局中,应立足产业数字化优势,以重点发展汽车、装备等先进制造业,加快发展新一代信息技术、智能机器人、智能制造装备、高端交通装备、新能源汽车及智能网联汽车、数字创意等战略性新兴产业,加快发展研发、设计、信息等生产性服务业为目标,积极引进相关产业,推动产业配套链、要素供应链、产品价值链、技术创新链融合,加快现有产业升级步伐,培育壮大新兴产业,前瞻布局未来产业。

如表5-2所示,聚焦新一代信息技术产业,重庆要以两江新区产业园及北碚区产业园为载体,积极引进大数据产业、云储存产业、云计算产业及网络安全产业,为重庆数字经济产业发展提供先进技术支撑;聚焦电子信息产业,重庆应以两江新区、沙坪坝区等为承接主体,积极承接集成电路产业、智能硬件产业、新型显示产业、物联网产业等产业转移,补齐壮大"芯屏器核网"全产业链,推动建设具有世界影响力的电子信息产业集群;聚焦数字经济和实体经济融合,重庆应发挥两江新区、永川区及九龙坡区等在装备制造业和汽车产业等支柱产业上的优势,吸引新能源整车、核心零部件及智能制造装备,推动重庆传统工业转型升级。此外,重庆可以将制造业优势和服务业优势相结合,引进工程和技术研究和试验发展、工业设计服务等产业。

表5-2　重庆承接数字产业转移布局

产业体系布局	优先承接产业	产业空间布局
大数据产业	工业领域的大数据服务及解决方案、行业大数据系统安全可靠软件	两江新区
云存储产业	服务器、存储设备制造、芯片制造、嵌入式设备	两江新区、北碚区
云计算产业	设备制造、IDC集成/云服务、可信计算	两江新区、北碚区
网络安全产业	数据安全、网络安全等安全信息产品	两江新区、合川区

续表

产业体系布局	优先承接产业	产业空间布局
集成电路产业	集成电路芯片设计、制造、封装测试	两江新区、沙坪坝区
智能硬件产业	半导体分立器件、人工智能软件、系统、平台,智能可穿戴、智慧家庭、智能无人飞行器及相关硬件等产品	两江新区、沙坪坝区
新型显示产业	高世代液晶面板、有机发光面板等平板显示器件	两江新区、巴南区、九龙坡区
物联网产业	物联网信息采集及识别设备、运营服务、信息处理和存储支持服务	两江新区、南岸区、九龙坡区
智能终端产业	智能家电、计算机整机及零部件、计算机外围设备、工控计算机及系统、信息采集及识别设备、通信系统设备、通信终端设备、通信设备零部件、北斗卫星应用产品及系统	两江新区、沙坪坝区
汽车产业	新能源汽车整车	两江新区、巴南区、江津区
	新能源汽车电池、电机、电控等关键零部件	两江新区、璧山区、长寿区、沙坪坝区、铜梁区
智能制造装备	工业自动控制系统装置	北碚区
	机器人	两江新区、永川区、九龙坡区
	增材制造装备	两江新区
生产性服务业	工程技术研究和试验发展	两江新区、巴南区
	工业设计服务	两江新区、九龙坡区、沙坪坝区

二、成都承接数字产业转移重点产业

2018年12月,《四川省人民政府办公厅关于优化区域产业布局的指导意见》出台,以引导各地优化产业布局,推动工业高质量发展,形成支撑"一干多支"发展战略的产业格局。成都的任务是围绕建设全面体现新发展理念的国家中心城市,以重点产业关键核心技术研发和产业化为突破口,重点发展电子信息、装备制造、先进材料、数字经济,建设全国重要的先进制造业基地,打造世界级新一代信息技术、高端装备制造产业集群和国内领先的集成电路、新型显示、航空航天、轨道交通、汽车等产业集群,争创国家数字经济示范区和国家大数据综合试验区。

如表5-3所示,成都应聚焦国家数字经济示范区,以成都天府新区、成都高新区、双流区等为主体,积极引进5G产业、信息终端产业、大数据产业、云计算产业、物联网产业等新一代信息技术产业,加快培育数字产业化优势。同时,成都高新区应充分发挥中国软件名城优势,积极承接移动音乐、手机游戏、视频应用、手机支付、位置服务等产业,打造中国数字娱乐之都;成都天府新区、成都高新区、双流区、郫都区、邛崃市等应围绕构建"芯屏端软智网"电子信息产业生态,积极引进移动互联网产业、网络信息安全产业、集成电路产业、新型显示产业等,推动电子信息产业集群完善、壮大。成都天府新区、成都高新区也应聚焦制造业短板,积极承接智能机器人、增材制造装备、智能测控装置、高档数控机床及功能部件等产业,促进智能制造产业发展;以锦江区、青羊区、金牛区、武侯区、成华区等为中心,立足现代服务业发展目标及优势,引进工业设计服务、电子商务服务、现代物流、产业金融,为经济高质量发展奠定基础。

表5-3 成都承接数字产业转移布局

产业类别	产业体系布局	产业空间布局
5G产业	5G移动通信网络设备与系统	天府新区
信息终端产业	北斗应用、卫星通信系统设备、数字接收终端产品、光纤传输系统设备、数字微波传输设备、数字集群通信系统及网络终端设备	成华区、双流区、高新区、金堂县、新都区
大数据产业	大数据关键技术和产品、大数据服务	天府新区、高新区、青白江区、双流区、温江区、郫都区、崇州市、大邑县
云计算产业	芯片产业、云设备产业、云产业	高新区、双流区、青白江区、双流
物联网产业	物联网、虚拟现实与增强现实	龙泉驿区、双流区、新都区
移动互联网产业	移动音乐、手机游戏、视频应用、手机支付、位置服务	高新区
网络信息安全产业	可信计算、数据安全、网络安全等信息安全产品	双流区、崇州市
集成电路产业	集成电路芯片设计、制造、封装测试,集成电路芯片专用材料及制造设备	天府新区、高新区、双流区、郫都区、邛崃市
新型显示产业	新型显示器件	双流区、高新区

续表

产业类别	产业体系布局	产业空间布局
智能制造	智能机器人、增材制造装备、智能测控装置、高档数控机床及功能部件	天府新区、高新区
现代服务业	工业设计服务、电子商务服务、现代物流、产业金融	锦江区、青羊区、金牛区、武侯区、成华区

面对世界百年未有之大变局,成渝两地应依托数字产业体系协同共建,减少竞争损耗,并基于东部数字产业转移趋势,侧重区域优势互补,完善承接数字产业转移的差异化机制,打造成渝地区数字产业完整产业链,用规模效益对冲产业同质化带来的竞争损耗,共建成渝地区数字经济圈、打造中国经济高质量发展第四极。

第六章　成渝地区数字产业发展定位与协同布局的保障措施研究

第六章 成渝地区数字产业发展定位与协同布局的保障措施研究

从当前发展形势来看,成渝两地已逐步在先进制造业的产业分工、新型基础设施建设、交通互联、人才培养等领域实现了初步合作,通过共建西部科学城等平台进行产业沟通和协同,聚焦产业链一体化布局,打造具有世界影响力的电子信息、装备制造产业集群。但是,在数字产业协同发展上仍存在不少问题,迫切需要加强统筹规划和政策扶持,强化成渝地区数字产业发展定位与协同布局的保障措施,全面营造有利于成渝地区数字产业协同发展的生态环境。

第一节 成渝地区数字产业协同发展的保障机制

成渝地区数字产业的协同布局,需要在区域治理观念上大破大立,破除行政区划带来的合作藩篱。如图6-1所示,以国家层面政策和制度供给为导向,地方共同的发展和需求为支撑,强化成渝地区优势互补协同发展联动机制,将有效释放"制度红利",突破成渝地区数字产业发展瓶颈,疏通堵点,激活全盘,夯实两地数字产业合作沟通基石。

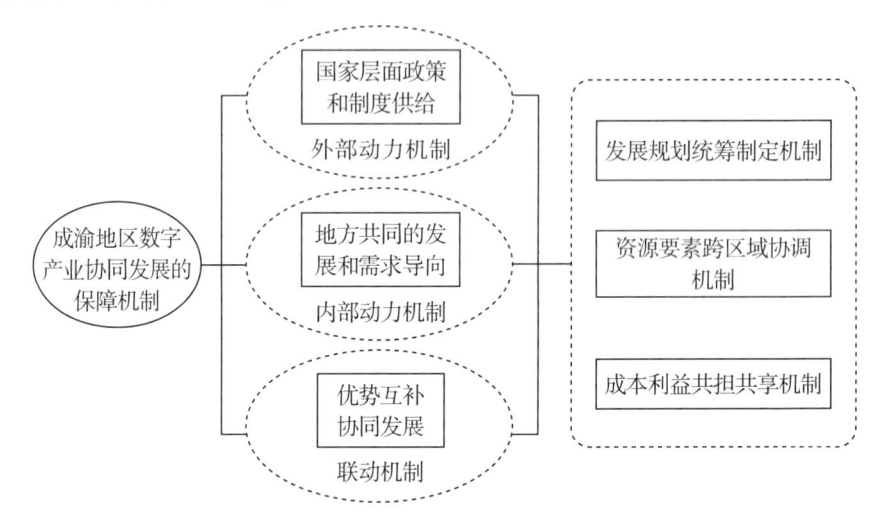

图6-1 成渝地区数字产业协同发展的保障机制

一、发挥国家战略行政体制的保障作用

推动数字产业协同发展,需要建立和完善区域化一体化合作机制,即在中央政府的政策引导下,依靠行政体制引导和推动区域内地方政府对区域整体利益达成共识。我国市场经济发展还不成熟,运用组织和制度资源去推动区域经济一体化,是实现中国区域经济一体化的现实选择。推动成渝地区数字产业协同发展,要充分发挥国家战略行政体系的保障作用。

首先,从中央层面成立推动成渝地区数字产业协同发展领导小组,将其作为成渝地区数字产业协同发展的国家战略行政机制的最高机构。在推动成渝地区数字产业协同发展领导小组的领导下,对成渝地区数字产业协同发展进行全局性的指导、组织、推动、协调和管理,领导成渝地区数字产业协同发展规划编制、成渝地区数字产业协同发展区域性政策法规的制定,推动成渝地区数字产业协同布局和高质量发展。调整地方层面的"三级运作"政府合作机制,决策层可以归并到中央层面的领导小组,成渝两地政府合作机制主要保留协调层和执行层两级合作层次。

其次,在领导小组办公室下,设立成渝地区数字产业协同发展规划委员会、成渝地区数字产业协同发展创新体系建设委员会、成渝地区环境保护与治理委员会等机构;还可在省级发展和改革委员会设立成渝地区数字产业协同发展职能处室,与领导小组办公室衔接。

最后,调整和完善成渝地区数字产业协同发展协调会议。该会议的主要任务是协调如何在各地落实和执行成渝地区数字产业协同发展领导小组作出的决策与部署,向领导小组提出成渝地区数字产业协同发展的相关建议,协调制定成渝地区数字产业协同发展的相关法规与指导。

二、完善数字产业发展规划统筹制定机制

推动成渝地区数字产业协同发展,需要依靠国家战略引导、推动区域内地方政府对区域整体利益达成共识,也需要地方政府共同行动,进行以市场化为导向的制度创新,为成渝地区数字产业资源要素的优化配置提供一体化的市场制度平台。因此,成渝地区也应从地方政府层面,构建完善的区域一体化合作体系,完善数字产业发展规划统筹制定机制。

在区域内的产业发展规划、要素的跨区域流动、跨区域重大项目的建设上,要积极构建联系机制,推动区县、开发区、行业协会及市场主体及时沟通,形成常态化的沟通机制;成立成渝地区数字经济创新发展领导小组,共同商讨、制定两地经济发展的目标政策和措施,统筹协调、解决试验区建设中的重大事项和问题;完善成渝地区重大政策协同和专项规划对接,促成"1+N"规划政策体系;组织研究关乎数字产业发展的重大政策、重大规划、重大项目,编制实施数字经济发展年度计划和三年滚动计划;建设成渝地区双城经济圈发展联合办公室,保障日常沟通协调工作;构建决策层、协调层、执行层三级运作机制,推进成渝地区双城经济圈建设统筹处、政策协同处、项目推进处的协同工作,确保省市领导牵头的重点项目联系机制顺利开展。

三、强化数字资源和要素跨区域协调机制

行政边界阻碍了区域经济的内在联系,阻碍了各种资源和要素在区域之间的自由流通,也造成了区域的市场分割和数字产业发展的不平衡性。推动成渝地区数字产业协同发展,应立足成渝地区双城经济圈建设,强化数据要素资源跨区域协调机制,推动数据要素资源跨区域自由流通。

在具体实践中,应不断推进市场化改革,坚决破除地方保护和各种市场壁垒,推动各地区市场运行和经济治理规则相互衔接,提高城市群区域市场一体化水平,促进要素资源跨区域自由流动,在城市群内部推动形成基于市场力量的区域专业化分工格局。同时,根据成渝地区各城市经济与人口密度,确定相应的土地指标供给、产业平台与园区空间布局以及公共投资支持等,引导产业集中布局,充分发挥两地比较优势,提高要素资源的空间配置效率及国土空间开发效率。

四、构建成渝地区数字产业利益共享机制

利益共享是协同的基础,成渝两地是两个独立的区域,各个区域的地方政府所代表的利益都是本区域所形成的经济利益壁垒。要实现成渝地区数字产业协同发展,关键之处在于打破两

地之间的经济区域壁垒,发挥成渝地区双城经济圈建设的积极作用,推动成渝地区"一区两群"协调发展。因此,成渝地区应在兼顾城市群整体发展目标和各地区发展利益的基础上,从利益分享和利益补偿两个层面出发,探索建立各地区在数字产业协同发展过程中的利益共享机制,着力打造区域发展利益共同体。

在利益分享层面,成渝两地可以通过建立跨行政区的财政协同投入机制,共同设立成渝地区双城经济圈协同发展投资基金,用于支持数字产业转移、承接和结构升级;推进税收征管一体化,创新数字产业园区、新设企业等跨区域合作项目的共同管理模式、异地经济核算和两地利税分配[①],制定研产分离项目以及产业转移项目输出地与承接地的GDP分计、税收分成机制;探索招商引资项目异地流转和企业迁移利益共享机制,强化产业准入、财税支持、要素保障、企业开办等政策协同,加大税收减免返还、土地租金、工商登记等政策的优惠力度,推进高新技术企业、双软企业等企业资质在成渝地区双城经济圈内互通互认。

在利益补偿层面,成渝两地可以通过签订数字产业合作的区域公约,制定区域规则,建立监管体制,避免在区域合作范畴内因各方寻求利益最大化而损害合作方的利益。同时,夯实利益补偿内容、划定补偿范围、明确补偿对象、完善补偿标准,权衡使用行政性补偿和市场化补偿手段;在确定和选择补偿标准、金额、方式等方面引入第三方中立机构,使利益主体多元化、权利地位平等化、补偿机制灵活化、补偿金额公平化、补偿结果"非零

---

① 徐长乐.建设长江经济带的产业分工与合作[J].改革,2014(6):29-31.

和博弈"化[①],最大程度地推动成渝两地共享"数字红利"。

总之,成渝地区数字产业的发展定位与协同布局,需要从外部动力、内部动力及两地产业协同联动机制出发,完善数字产业发展规划统筹制定机制,强化数字资源和要素跨区域协调机制,构建成渝地区数字产业利益共享机制,从而加快形成旨在统筹成渝地区数字产业协同发展的协调、协作保障机制,促进成渝地区数字经济产业协同发展。

第二节 成渝地区数字产业协同发展的平台建设

产业协同发展的关键是产业支撑平台的协同共建。就成渝两地数字产业合作现状来看,加快建设一批产业协作平台,进一步优化数字产业资源配置,打造一批研发创新平台,培育壮大数字经济新动能,打造一批数字企业专业服务平台,推动成渝地区数字经济产业集群化、集约化发展,构建"三位一体"的数字产业协同发展平台,是推动成渝地区数字产业协同发展的关键保障。

---

① 李桢,刘名远.区域经济合作利益补偿机制及其制度体系的构建[J].南京社会科学,2012(8):19-27.

一、建设数字产业功能协作平台

对标京津冀、长三角和粤港澳,成渝地区数字产业发展想要再上一个新台阶,不仅需要能代表我国参与全球产业分工、具有国际影响力掌控力的尖端产业,还需要多层次、大规模、充分整合带动区域经济的产业集群。例如,京津冀地区不仅有互联网应用、文化传媒等国家级优势产业,也有带动北方地区的电子信息、化工、轻工等产业集群;长三角地区拥有国家级的装备制造、生物医药产业、贸易物流和金融中心,同时也拥有东南部地区重要的纺织服装和小商品产业链;粤港澳大湾区在信息通信软硬件集成、家居家电等领域处于国内领先地位,同时也是华南地区的装备制造、机电元器件等产业集聚区。成渝地区相当多的产业门类在供给侧、需求侧都能形成规模优势,有条件打造成为区域产业高地,支撑双城经济圈的本地化闭环[1]。在这个过程中,产业功能区则是承载区域产业集聚发展的基本单元。

因此,成渝地区要抓住建设数字经济创新发展试验区建设机遇,共同布局具有区域优势特色、门类丰富、层次多元的产业功能区,并以产业功能区为平台,推动成渝两地优势产业构成互补协作关系,带动成渝地区中小城市产业结构升级、产业链整合做强。以成渝共建八方装备制造重点产业功能区为例,中德(蒲江)中小企业合作区、德阳经济技术开发区、四川青神经济开发

---

[1] 陈迎春.建设产业功能区 新形势下成都经济高质量发展之道[J].先锋,2020(9):15-17.

区、资阳高新技术产业园区、重庆空港工业园区、重庆港城工业园区、重庆江津工业园区、永川高新技术产业开发区通过签署《构建成渝装备制造产业生态圈合作协议》,充分发挥各地政策、资源等优势,加强产业共聚、品牌共创、平台共建、人才共享等,协同打造以装备制造产业生态圈为引领,若干具有国际竞争力的产业集群为支撑,形成优势互补、高质量发展的区域工业经济布局,全面提升成渝地区装备制造全球竞争力和产业带动力,助力成渝地区打造成中国制造"第四极"。

二、搭建数字技术研发创新平台

当前,科学技术已是推动经济社会发展的主要力量,新一轮科技革命和产业变革正孕育兴起。党的十八大作出了实施创新驱动发展战略的重大部署,强调科技创新是提高社会生产力和综合国力的战略支撑,必须摆在国家发展全局的核心位置。成渝地区数字产业诸多领域还存在不少"卡脖子"瓶颈,作为双循环发展格局的重要支撑点,亟需打造一批研发创新平台,全面提升数字经济产业创新支撑能力。

因此,在推动成渝两地数字产业协同发展中,应聚焦提升资源配置能力,在新型举国体制、科技成果转化、国际人才引进、区域协同创新等方面大胆探索、先行先试,打造国家科技体制改革"试验田",带动一大批项目落地和人才引进;聚焦提升创新策源能力，积极谋划布局一批国家重点实验室，加快打造一批产学研合作平台。深化与中国科学院等的战略合作，推动国内外知名高校院所、科研机构在成渝设立分院分所，不断增强数字技术原创能力和产业共性技术攻关能力；聚焦提升产业发展能力，着力创建国家传感器产业创新中心、智能网联汽车技术创新中心，加快培育工业大数据制造业创新中心，打造关键软件协同攻关和体验推广中心，全面提升成渝地区数字经济产业创新支撑能力。

三、打造数字企业专业服务平台

数字企业服务平台可以帮助企业缩短产业聚集周期，加速产业升级步伐。成渝两地应积极搭建产业服务共享平台，推动产业资源整合与共享；加快布局一批数字化转型促进中心，强化平台、服务商、人才、金融等服务体系建设，助力企业数字化转型；通过培育壮大一批国家级和市级数字经济孵化器、加速器、众创空间，建立一批中试基地和科技成果转化服务机构，深入开展成果转化服务、技术交流、决策咨询、认证测试等服务，更好助力企业创新创业。

以成渝经济圈产业招商中心为例，成渝经济圈产业招商中心充分发挥中国领先的企业服务平台猪八戒网线上线下企业服务交易数据、全国园区招商渠道及数字化平台运营等方面的优势,着力为企业提供优质接洽入驻服务,为政府提供招商全链条解决方案。同时,重点满足成渝地区政府在招前定位、寻源、分析—招中策划、营销、邀约、辅助谈判—招后企业落地服务、监控等各个环节的需要,实现"定、找、引、育、服、管"的产业运作全生命周期价值闭环,助力打造当地地方产业聚集性、增值性、示范性片区,为成渝两地产业招商提供机遇。

总之,搭建数字产业协同发展平台,推动数字产业资源要素自由流动和产业有机融合,是成渝地区数字产业的发展定位与协同布局的关键保障。成渝两地应积极布局数字产业特色功能平台,强化数字产业优势互补,打造数字技术研发创新平台,突破数字产业"卡脖子"瓶颈,搭建数字企业专业服务平台,营造数字产业发展环境,为成渝地区数字产业协同发展提供坚强保障和平台支撑。

第三节　成渝地区数字企业营商环境的共同营造

优质的营商环境具有洼地效应。这种洼地效应能使资金、技术、人才、自然资源等生产力要素不断流入进来,推动新的经济增长点迅速发育壮大,形成规模。成渝地区推动数字产业协同发展,应着力解决数字企业设立及发展过程中的难点、堵点、

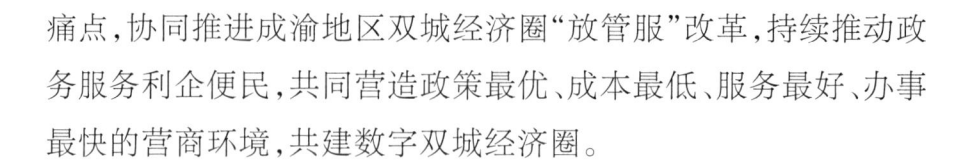

痛点,协同推进成渝地区双城经济圈"放管服"改革,持续推动政务服务利企便民,共同营造政策最优、成本最低、服务最好、办事最快的营商环境,共建数字双城经济圈。

一、强化成渝地区政务服务联办

推进成渝两地政务服务"跨省通办",既是加快推动成渝地区双城经济圈建设的具体实践,也是深化"放管服"改革、优化营商环境的重要途径,对提升两地政务服务便捷度和群众获得感,助推两地高质量发展具有重要意义。目前,重庆高新区已在政务服务中心开设4个"川渝通办"专窗,在自助服务专区放置"跨区域通办自助一体机",建立成渝对口联系人机制,将依托全市一体化政务服务平台"渝快办"采取全流程网办、异地代收代办、多地联办、一体机自助办、免费邮寄等方式多渠道开展成渝通办,为推进两地数字企业发展营造了良好的服务环境。

未来,成渝两地应继续共同推进政府服务事项标准化、规范化建设,推动同一事项受理条件、申请材料、办理流程等要素相统一,逐步实现同一事项在成渝地区双城经济圈内无差别受理、同标准办理、行政审批结果互认;以国办"跨省市通办41事项清单"为基础,梳理成渝地区双城经济圈政务服务跨省市异地通办事项清单;推进四川省、重庆市网上政务服务平台及"天府通办""渝快办"等有关移动端对接,推动用户身份跨省市互认及成渝地区双城经济圈一体化网上服务专区;推动各级有条件的政务服务办事大厅开设成渝地区双城经济圈政务服务事项"一窗通办"专窗,开辟审批服务"绿色通道";协同推进"证照分离"改革,加强经验交流,共同创新改革举措。

二、推动成渝地区市场监管联合

推动市场联合监管,是减轻企业负担、优化营商环境的有力举措。成渝地区共推市场监管一体化,可以有效提升监管服务效能,共同营造国际一流营商环境,打造知识产权保护高地,打破地区封锁,破除市场垄断,建设统一开放、规范有序的市场体系,有力促进成渝地区数字经济高质量发展。2020年,四川省市场监督管理局与重庆市市场监督管理局共同签署了《重庆市市场监督管理局 四川省市场监督管理局深化川渝市场监管一体化合作 推动成渝地区双城经济圈建设工作方案》。该方案明确成渝从八方面开展合作,推动市场监管一体化。

一是在市场准入共优营商环境方面,创新构建跨省跨区域"同一标准办一件事"的市场准入服务系统,协同开发成渝地区登记档案智慧查询系统,共同编制发布成渝地区市场主体数据分析报告,推进数据共享和业务协同平台建设。

二是在重点监管共守安全底线方面,健全区域合作联动机制特别是重大疫情防控联动机制,深化推进药品上市许可持有人制度,鼓励引导成渝地区持有人开展跨省委托生产,探索建立现场检查结果共享互认制度,推动实现成渝地区食品药品生产经营监管信息实时共享,落实成渝地区互抽互派药品认证检查员制度,定期通报双方药品安全稽查执法情况,探索建立成渝地区重点产品联动抽查机制,及时共享工业产品监督抽查信息。

三是在高质量发展共创竞争优势方面,建立川渝政府质量奖、首席质量官任职资格互认、质量管理专家共享机制,推进计量器具新产品型式评价试验项目资源共享,建立成渝地区计量协作与应用服务、检验检测认证监管专家库,开展成渝地区检验检测机构联合监管检查。

四是在执法办案共建公平竞争环境方面,建立案件移送、执法协助、联合执法等机制,搭建电商主体数据共享交换通道,推动成渝地区电商案件数据共享及违法线索交互推送,探索建立成渝地区公平竞争审查工作专家咨询制度和第三方评估机制。

五是在监管维权共护市场秩序方面,建立风险预警、研判、推送机制,提升监管联动性,推动实现成渝地区市场主体信用信息资源共享、信用修复结果同步互认。建立成渝地区反垄断、反不正当竞争、规范直销、打击传销、重大疫情防控等方面的案件线索互联互通机制。

六是在知识产权合作共促创新发展方面,共同签署《成渝地区双城经济圈知识产权保护合作协议》,强化知识产权公共服务共享,共同举办《西部知识产权高峰论坛》。

七是在项目合作共推民营经济方面,共同推动成渝地区民营经济协同示范区建设,探索县域民营经济综合改革试点,建立县域民营经济评价机制和评价体系,建立成渝地区民营经济跨区域联合研究实验室。

八是在人才交流共筑基础保障方面,加强成渝地区市场监管干部培训和人才交流合作。推动干部培训资源共享,互派专兼职教师授课,互派干部职工开展专题培训。建立人才交流合作机制,每年有计划互派干部挂职,选派一定数量中高级技术人才到对方开展技术交流。举办成渝地区市场监管研讨交流论坛。

三、推动成渝地区政务信息资源共享

加快推动成渝地区政务信息系统互联和公共数据共享,可以最大程度利企便民,让企业和群众少跑腿、好办事,是增强政府公信力、提高行政效率、提升政府服务水平及优化营商环境的必然选择。成渝地区可以通过强化政务信息资源共享和两地业务协同,为数字企业营造良好的发展环境。

成渝两地各级政府、有关部门和单位在履行职责时提出数据共享申请的,除现行法律法规另有规定或涉及国家秘密和安全等外,各类数据一律共享;建立政务信息资源共享机制,加强两地政务数据交换共享平台对接,梳理编制数据共享需求清单并动态更新,统一规范数据共享申请条件,促进区域数据资源互联互通、统筹调动、创新应用和共享开放,保障数据的及时性、准确性和安全性;持续将更多直接关系企业和群众办事、应用频次高的数据纳入共享范围,依法有序推进政务服务数据向公证处等公共服务机构共享。聚焦政务服务、医疗教育、公共交通、文体旅游等领域,推进电子证照跨地区互认互信、共享应用。

目前,成渝地区通过出台一系列政策文件,优化政务环境、市场环境、法治环境,数字企业营商环境有了显著提升。未来,成渝两地应继续从强化政务服务联办、加强市场监管联合、推动政务信息资源共享三个方面发力,聚焦市场主体反映强烈的痛点、难点、堵点问题,借鉴国内外先进地区经验做法,结合成渝地区实际情况,加快出台优化数字企业营商环境实施方案,同步探索成渝地区营商环境的协同优化,巩固营商环境不断提升的成果。

第四节　成渝地区数据资源的共建共享与安全保障

发展数字经济,离不开海量的数据。当前,数据作为新生产要素的重要作用日益凸显,数据的开放、共享和应用将进一步优化资源配置和使用效率,提高资源、资本、人才全要素生产率。全球化发展正从以国际金融驱动为特征的"2.0"版本步入以数据要素为主要驱动力的"3.0"版本。可以说,谁掌握了数据、利用好数据,谁就能够在互联网应用创新上取得突破,谁就能在全球数字经济竞争中占得先机。因此,成渝地区应积极探索数字资源共建共享与安全保障机制,推动数字产业协同发展。

一、完善数据要素市场治理体系

随着新一代信息技术的快速发展和广泛应用,人类掌握数据、处理数据的能力实现质的跃升,万物数字化构建现实世界的数字空间映像已成为可能,为人类认识世界和改造世界提供了一种颠覆性手段。数据已经成为重要的生产要素,人类正在开启"万物数字化、万物互联"的数字经济时代[①]。但是,数据要素在治理过程中面临四个严峻挑战:数据的资产地位尚未确立,数据确权难题尚待破解,数据共享流通障碍重重,数据安全和隐私保护体系尚不健全。成渝地区要想破解数据要素治理化难题,推动数字经济产业发展壮大,必须积极完善数据要素市场治理体系,从而最大化释放数据价值。

因此,成渝地区应以政府为主导,完善数据确权、开放、流通、交易相关制度,建立安全可信、公正透明的隐私保护与定价交易规则;强化数据要素市场监管,构建线上线下无缝衔接的数

---

① 梅宏.构建数据治理体系 培育数据要素市场生态[N].河北日报,2021-06-18.

据要素市场全流程全生命周期监管体系,规范各类市场主体的行为,促进政务数据、公共数据、商业数据、个人数据的安全保护和开放利用;健全数据要素收入分配制度,在明确产权的基础上形成数据要素按市场评价贡献、按贡献决定报酬的初次分配框架,推动数据要素市场有序运行。

二、搭建数据资源共享平台

数字经济时代,数据不再是一座孤岛。数据的价值在于融合与挖掘,数据共享有利于促进数据的融合与治理,提升数据价值,推动数字经济和公共治理的发展,也是数据流通和数据产业发展的重要基础。目前,中国移动重庆、四川两家属地公司联动规划建成了"中国移动成渝大数据平台"——我国首个跨区域的大数据平台。该平台基于中国移动大数据能力,聚焦川渝两地,展现人口流动趋势及人口画像特征。同时,该平台可以将川渝两地需要统一宣传共享的政策和信息进行同步送达,实现信息共享、资源互通,为成渝地区数字产业协同发展提供了数据支撑。

未来,成渝两地应围绕建设成渝地区双城经济圈国家战略,以需求为导向、共建为手段、共享为目标、数据化标准化为核心,集聚成渝地区数据资源,建立数据资源共享服务平台,打通两地政府管理部门之间、政府管理部门与企业之间的信息交流渠道,整合公共数据资源和社会数据资源,形成跨区域、跨部门、跨行业的数据资源共享格局,实现成渝地区数据资源从信息共享向价值共享跨越,建设具有全国影响力的数字经济创新发展试验区。

三、强化数据安全保护能力

以互联网、物联网、大数据、人工智能算法为基础的数字经济高速增长,已成为推动我国经济高质量发展的核心动能。随着数字经济向数据经济、算法经济等人工智能场景的高阶形态发展,数据安全与发展的动态平衡已成为数字经济领域各类新业态、新产业、新模式创新发展的关键。特别是在流量红利向数据红利转化的过程中,对大数据资源和技术的创新开发与广泛应用,有效推动了我国虚体经济与实体经济的深度融合,带来了新业态、新产业、新模式的不断涌现和创新,同时也推高了数字经济高速增长过程中的安全风险阈值。失去安全,发展将无从谈起。

成渝地区推动数字产业发展的关键是推动数据资源的共建、共享。在此过程中,数据安全问题亟待重视。成渝两地应聚焦强化数据安全保护能力,为数字产业协同发展筑牢安全防线。首先,成渝两地应通过加强数据安全体系建设,制定数据隐私保护制度、安全审查制度、数据分类分级安全保护制度等,加强对政务、企业和个人数据的保护。其次,成渝两地应强化网络安全防护体系建设,明确数据采集、传输、存储、使用、开放等各环节保障网络安全的范围边界和要求,重点加强对个人隐私、商业秘密、跨境数据等的风险评估和综合防范。最后,成渝两地应通过共建市场安全风险预警系统机制、数据跨境流动规范和风险防控机制,强化数据安全工作联动,提升数据安全保护能力。

综上所述,推动成渝地区数字产业的发展定位与协同布局,成渝地区应立足"构建统一高效、互联互通、安全可靠的国家数据资源体系"战略,着眼"聚通用",着力激活数据,深度挖掘数据,充分利用数据,完善数据要素市场治理体系,构建数据资源共享平台,强化数据安全保护能力,加快形成数据生产要素高效集聚、互联互通、开放共享的良好局面。

第五节 《重庆市数字经济促进条例》的出台

当前,重庆数字经济逆势而上、强劲增长,成为对冲疫情、平抑风险的经济"压舱石",在国民经济中的支柱地位和战略性作用显著提升。而要进一步巩固和发挥数字经济这一显著优势,就必须及时将行之有效的经验做法总结提炼上升为法律制度,同时解决一些体制机制性障碍、重点难点问题,以法治手段引领和保障数字经济高质量发展。为此,本书参考《浙江省数字经济促进条例》相关内容,提出要积极推动《重庆市数字经济促进条例》的出台,为重庆发展数字经济提供法规制度保障。

一、在法律制度层面对数字经济作出明确界定

数字经济,即以数据资源为关键生产要素,以现代信息网络为主要载体,以信息通信技术融合应用、全要素数字化转型为重要推动力,促进效率提升和经济结构优化的新经济形态。在推进数字经济发展进程中,县级以上人民政府应当加强对数字经济发展工作的领导,将数字经济发展纳入国民经济和社会发展规划,建立健全数字经济发展工作协调机制,统筹政策制定,督促检查政策落实,协调数字经济发展中的重大问题,并将数字经济发展相关指标纳入高质量发展绩效评价体系;加强数字经济领域国际交流合作,参与"一带一路"建设。

二、明确数字基础设施建设基本原则

数字基础设施主要包括信息网络基础设施、算力基础设施、新技术基础设施、融合基础设施、信息安全基础设施等,是发展

数字经济的根本支撑。针对数字基础设施发展缺乏专项规划、云计算等数据中心低水平重复建设、信息通信网络共建共享率不高等问题,重庆要组织编制全市数字基础设施发展规划,将数字基础设施的建设布局纳入国土空间规划,建立跨行业基础设施多规合一体制机制,推动数字基础设施共建共享。

三、建立数据保护的法律制度

《重庆市数字经济促进条例》应明确规定:单位和个人收集、存储、使用、加工、传输、提供、公开数据资源,应当遵循合法、正当、必要的原则,遵守网络安全、数据安全、电子商务、个人信息保护等有关法律、法规,以及国家标准的强制性要求。贯彻落实《中华人民共和国民法典》人格权编关于人格利益保护的规定,完善对自然人生物性、社会性数据等个人信息权益的法规保障机制,把握好信息技术发展与个人信息保护的边界,平衡好个人信息与公共利益的关系。同时,明确国家机关、法律法规规章授权的具有管理公共事务职能的组织,在依法履行职责和提供公共服务过程中获取的数据资源应当共享和开放;建立公共数据核实和更正制度,规定公共数据主管部门发现公共数据不准确、不完整或者不同采集单位提供的数据不一致时,可以要求采集单位限期核实、更正数据;通过产业政策引导、社会资本引入、应用模式创新、强化合作交流等方式,引导企业、社会组织等单位和个人开放自有数据资源,对外提供各类数据服务或者数据产品。县级以上人民政府及其有关部门应当建立健全网络安全、数据安全保障体系,加强对个人信息数据收集、存储、使用、加工、传输、提供、公开等活动的监督管理;网络运营者等有关单位和个人,应当依法建立健全数据安全管理制度,采取相应技术措施和其他必要措施,保障数据安全。

四、支持创建数字产业创新创业平台

数字产业化是发展数字经济的重要内容,是通过现代信息技术的市场化应用,形成电子信息制造业、软件和信息技术服务业、电信广播卫星传输服务业和互联网服务业等数字产业。为了解决数字产业规模体量不大、创新质量不高、关键技术不精等问题,《重庆市数字经济促进条例》应规定:第一,明确数字产业发展方向。规定市政府统筹全市数字产业发展,确定重点支持和发展的数字产业,通过提升产业链、保障供应链安全、培育产业集群等方式,提升数字安防、网络通信、集成电路、智能计算等产业整体竞争力。第二,加强核心技术研发。要求推动国家级、市级科技创新平台和大型科技基础设施建设及大型科学仪器共享;推动培育研发机构,提升研发能力。第三,加强数字经济市场主体培育。要求引导、支持数字产业领域的龙头企业、上市企业、高新企业及科技型中小企业的发展,培育形成大中小微企业

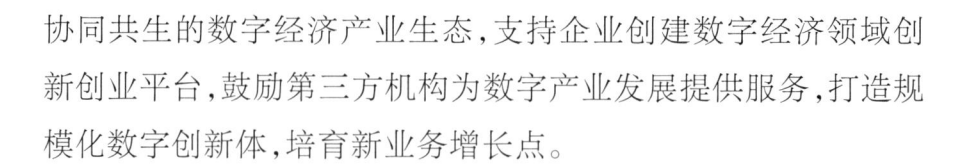

协同共生的数字经济产业生态,支持企业创建数字经济领域创新创业平台,鼓励第三方机构为数字产业发展提供服务,打造规模化数字创新体,培育新业务增长点。

五、支持工业互联网普及应用

产业数字化是数字经济的实体支撑,是加快产业转型升级、实现经济高质量发展的有效途径。针对传统企业数字化转型速度不够快、质量不够高、基础支撑薄弱,以及中小企业不愿、不敢、不会转型等突出问题,《重庆市数字经济促进条例》应从以下几方面,加快产业数字化立法推进:第一,通过服务指导、试点示范、政策支持等方式支持工业互联网普及应用,推动工业技术软件化和企业发展智能型制造,鼓励和支持企业主动上云、深度用云,提升生产和管理效能。第二,通过培育转型试点等方式,推动数字技术与生活性服务业、生产性服务业深度融合;通过建设数字文化创意产业试验区等方式,发展文创产业。第三,通过示范带动、技术指导、政策支持等方式,推广农业物联网应用,加强农业生产、农产品加工、农产品流通领域数字基础设施建设。第四,引导和支持电子商务发展,促进跨境电商综合试验区建设,提升跨境电商应用水平,推广新零售,引导和支持发展电子商务新业态新模式,推进数字生活新服务。第五,完善各类园区数字基础设施,提升园区数字化管理服务功能,加强现代信息技术在园区的融合应用,支撑园区内企业数字化转型和数字产业集聚发展。

六、推进各领域治理数字化

治理数字化是指在政治、经济、文化、社会、生态文明等领域,运用现代信息技术,实现治理机制、方式和手段的数字化、网络化、智能化,推进治理体系和治理能力的现代化。《重庆市数字经济促进条例》应从以下措施出发,提升治理数字化水平:第一,推进政府治理数字化。深化"最多跑一次"改革,按照整体智治的要求,推动数字技术与政府履职全面深度融合,推进政务服务、政府办公全流程网上办理、掌上办理,实现数据共享和业务协同;将治理数字化主体从行政机关扩大到其他国家机关和承担公共管理职能的单位,通过数字化转型提升治理效能。第二,推进城市治理数字化。加强"城市大脑"和智慧城市建设,鼓励有关部门依托物联网、区块链等技术,在教育、医疗、交通、邮政、生态环境保护、药品监管、工程建设、公共安全等重点领域推行监管智能化应用,提升城市治理水平。第三,推进社会治理数字化。统筹规划和推进社会治理数字化转型,强化综合治理工作平台、市场监管平台、综合执法平台、便民服务平台等基层治理平台建设和运营管理,提高社会治理社会化、法治化、智能化和专业化水平。

总之,成渝地区数字产业的发展定位与协同布局,应强化顶层设计,完善数字产业协同发展保障机制;聚焦产业发展需求,建设数字产业协同发展平台;推进政府"放管服"改革,营造良好数字企业营商环境;发挥数据资源价值,推动数据资源共建共享与安全保障。同时,立足重庆数字产业发展现状,积极推动《重庆市数字经济促进条例》等出台,为数字产业发展保驾护航。

成渝地区数字产业的发展定位和协同布局,既为成渝地区带来了补齐短板、打牢基础的新机遇,优化结构、加快升级的新契机,也是成渝深化创新、增添动力的新引擎,扩大开放、拓展空间的新平台,绿色发展、倒逼转型的新路径。但是,重庆与成都分属两个不同的省级行政区,地区经济的独立性使得成渝两地在数字产业协同布局中会遇到体制机制障碍和现实障碍。通过深入挖掘成渝两地数字产业发展比较优势及核心诉求,提出成渝地区数字产业的发展定位与协同布局原则、路径及保障措施,将有效深化成渝地区数字产业的发展定位与协同布局。

首先,成渝地区应明确以下六个原则,牢固树立一盘棋思想和一体化发展理念,夯实数字产业协同布局前提。

一是尊重核心利益的原则。"区域利益"是一切区域经济行为产生与发展的基础,成渝地区应尊重各自发展的核心利益,积极探索利益分享和补偿机制,以资源优势和合理取舍提升成渝地区数字产业的分工协同布局。

二是实现错位发展的原则。成渝地区应以错位发展为合作前提,强化数字产业政策协调和规划衔接,优化区域功能布局,走异质性同构、差别化竞争的特色化产品发展之路、延伸型产业错位之路，使两地的产业优势互嵌，在互补中趋异化，在互动中渐融合。

三是形成补链成群的原则。成渝地区应以支柱产业为载体，坚持软件和硬件并重，产业配套链、要素供应链、产品价值链、技术创新链"四链"融合，开展跨区域的研发、制造、服务、消费等全方面合作，携手为数字产业"补链成群"，推动产业更高水平、更大规模发展，打造具有全面影响力的数字产业"生态群落"。

四是合理分担成本的原则。成渝地区应建立一整套完善的成本分担机制，厘清政府、企业和个人分担的成本，推动成渝地区数字产业共链、成本共担、利益共沾的"共同体"，推动数字产业协同布局。

五是注重产业安全的原则。成渝地区应强化数字关键基础设施保护，高度重视数据保护标准建设，并坚持自主可控、安全高效，分行业做好供应链战略设计和精准施策，推动数字产业全产业链优化升级，构筑数字产业安全防护墙。

六是规避恶性竞争的原则。成渝地区应按照加快建设统一开放、竞争有序市场体系的要求，深化川渝公平竞争审查一体化合作，加强公平竞争市场秩序维护，打破地区封锁，破除行政壁垒，推动成渝地区区域性数字化基础设施、公共数据资源和服务平台共建共享，为成渝地区数字经济发展构建良好的市场竞争环境，打造数字产业开放合作圈。

其次，成渝地区应从以下五个方面出发，拧成一股绳，协同一起干，携手探索数字产业的发展定位与协同布局路径。

一是明确成渝数字经济试验区总体定位。成渝地区应对标国家数字经济创新发展试验区要求,积极探索数字产业集聚发展模式,共建世界级产业集群;强化数字新基建共建共享,打造先进新基建标杆区;探索数字经济和实体经济融合路径,共建数字经济新高地;提升政府治理数字化水平,构建超大城市智慧治理新范式;强化数字经济国际合作,打造国际交流合作平台。

二是强化数字产业发展的优势互补。成渝地区应聚焦共同优势产业,以产业链对接图谱为指引,围绕产业链上下游横向联合、纵向整合,加快网络基础设施建设、推动工业互联网平台发展、强化网络安全保障、加强数字产业支撑及构建数字产业生态体系,打通两地产业链、供应链、创新链,把竞争思维转化为合作思维,实现优势特色产业的强强联合、互补支撑;对接重庆数字技术需求与成都数字技术研发优势,建立顺畅高效沟通机制、推动主导创新主体协作及数字产业集聚,促进科创资源有序流动,共建成渝地区数字经济创新高地。

三是构建数字产业的补链成群模式。成渝地区应紧扣产业链、供应链、要素链中的关键环节和薄弱环节,通过发挥龙头企业的引领作用、强化产业链之间的合作及共建数字经济产业联盟,充分发挥产业间的联动作用,全域推进数字产业集群建设,全链统筹数字产业集群发展,全面提升数字产业集群能级,打通上下游产业链,打造更具竞争力的产业集群。

四是推动数字经济与实体经济的深度融合。成渝地区应在新型基础设施建设、关键数字技术突破、产业数字化转型投融资支持等方面,提供软硬条件支撑,推动数字经济与实体经济的深度融合,打造具有国际竞争力的"新实体经济"。

五是承接数字产业转移的差异化。重庆应立足产业数字化优势,有选择地承接先进制造、电子信息、新材料及现代服务业等数字产业,锻造产业"全链条",实现数字产业集群发展、产业结构优化升级。成都应以数字产业化优势为依托,积极引进5G、信息终端、大数据、云计算、物联网等新一代信息技术产业。同时,聚焦制造业短板,积极承接智能机器人、增材制造装备、智能测控装置、高端数控机床及功能部件等产业,促进智能制造产业发展。

最后,成渝地区应健全六大保障措施,发挥激励作用,为打造成渝地区数字经济圈保驾护航。

一是发挥国家战略行政体制的保障作用。成渝地区应积极争取国家层面政策支持,充分发挥国家战略行政体系的保障作用,为两地数字产业协同发展提供充足的外部动力支持:积极争取从中央层面成立推动成渝地区数字产业协同发展领导小组,作为成渝地区数字产业协同发展的国家战略行政机制的最高机构;在领导小组办公室下,设立成渝地区数字产业协同发展规划委员会、成渝地区数字产业协同发展创新体系建设委员会等;调整和完善成渝地区数字产业协同发展协调会议。

二是完善数字产业协同发展的保障机制。成渝地区应完善数字产业发展规划统筹制定机制,发挥政府引领作用,推进数字产业规划共同编制、数字产业发展问题共同协商;强化数字资源和要素跨区域协调机制,发挥市场主导作用,推动数据要素资源跨区域自由流通;构建数字产业利益共享机制,在兼顾城市群整体发展目标和各地区发展利益的基础上,从利益共享和利益补偿两个维度,打造区域发展利益共同体。

三是建设数字产业协同发展的平台。成渝地区应共同布局具有区域优势特色、门类丰富、层次多元的数字产业功能区平台,强化成渝两地数字产业优势互补协作;聚焦提升资源配置能力、创新策源能力和产业发展能力,搭建数字技术研发创新平台,破解数字产业"卡脖子"瓶颈;着眼数字企业合作发展需求,建设一批数字产业服务共享平台,打造企业"定、找、引、育、服、管"的产业运作全生命周期价值闭环。

四是打造数字企业良好的营商环境。成渝地区应着眼数字企业在设立及发展过程中的难点、堵点、痛点,强化政府服务联办、市场监管联合、信息资源共享,协同推进成渝地区政府"放管服"改革,持续推动政府服务利企便民,共同营造政策最优、成本最低、服务最好、办事最快的数字企业营商环境,共同建设成渝地区数字经济圈。

五是保障数据资源共建共享与安全。成渝地区应以政府为主导,明确数据确权、开放、流通、交易相关制度,完善数据要素市场治理体系,推动数据要素市场有序运行;以需求为导向、共建为手段、共享为目标、数据化标准化为核心,集聚成渝地区数据资源,建立数据资源共享服务平台,推动数据资源从信息共享向价值共享跨越;聚焦强化数据安全保护能力,加强数据安全体系和网络安全防护体系建设,为数字产业协同发展筑牢安全防线。

六是推动《重庆市数字经济促进条例》的出台。为了进一步巩固和发挥数字经济优势，重庆应积极出台《重庆市数字经济促进条例》，从法律制度层面明确界定数字经济，并对建设数字基础设施、完善数据保护法律制度、搭建数字企业服务平台、推动工业互联网普及应用及推进各领域治理数字化等提供法律指引，以法治手段引领和保障重庆数字经济高质量发展。

综上所述，成渝地区应围绕数字产业的发展定位与协同布局六大原则、五个路径及五个保障措施，积极构建"6+5+6"数字产业的发展定位与协同布局体系，促进数据生产要素合理流动和高效聚集，打通数字经济循环堵点，释放更多经济增长潜力，努力将成渝地区打造成为全国数字产业生态创新中心和"西部数字中心"，在西部形成支撑和带动全国高质量发展的重要增长极和新的动力源，推动我国区域协调发展不断向着更加均衡、更高层次、更高质量方向阔步前行。

附 件

FUJIAN

附 件

附件一：案例分析《打造世界级产业集群——成渝地区携手培育世界级电子信息产业集群路径分析》

成渝两地电子信息产业领域关联程度较高、互补性较强，具备实现高质量协同发展的基础和条件。为进一步推动电子信息产业高质量协同发展，两地充分发挥电子信息产业对成渝地区双城经济圈发展的重要支撑作用，共同制定了电子信息产业协同发展实施方案，为成渝地区加速打造世界级电子信息产业集群提供了遵循。

根据重庆市人民政府网公布的公开征求对《成渝地区双城经济圈电子信息产业协同发展实施方案（征求意见稿）》等文件的意见，成渝地区携手培育世界级电子信息产业集群路径如下：

一、共同打造富有活力的集成电路生态圈

成渝地区对接国家重大战略部署和产业布局,谋划突破关键核心技术"卡脖子"短板,不断提高产业链自主可控水平,争取更多项目纳入国家相关专项和重大生产力布局。鼓励英特尔、成都华微、成都海光、海威华芯、振芯科技、华润微电子、万国半导体、联合微电子中心等企业持续做大产业规模,提升产业链协同水平。依托国家"芯火"双创基地、电子科技大学国家示范性微电子学院等,建设川渝集成电路公共服务平台,精准两地集成电路产业创新研发要素供给。根据集成电路企业和重点应用领域需要,支持联盟、协会承办研讨会、组织产学研协同攻关等工作,打造集成电路研发设计、生产制造、封装测试、设备材料全产业链,建设国内领先的集成电路设计高地和国家重要的集成电路产业基地。

二、共同提升新型显示产业协作配套能力

发挥川渝两地全国最大的AMOLED面板生产基地优势,加强新型显示产业链合作,打通产业、人才需求供给渠道,加快建设一批新型显示配套产业园区。围绕核心元器件、关键零部件、关键基础材料等产业链薄弱环节协同引进和培育中高端企业,

大力提升川渝新型显示产业本地配套率和配套水平。依托京东方、惠科、康佳、极米等企业,提升4K/8K超高清面板、激光显示等高端产品技术水平,加快实现涵盖面板、核心材料及零部件、基础装备、终端生产等环节的全产业链发展,打造国内领先、国际知名的世界级新型显示产业集群。

三、共同加快智能终端产业集聚集群发展

凭借川渝两地在智能终端制造、配套、物流通道等方面优势,紧扣高质量发展主线,按照"创新驱动、龙头带动、全链布局、集群发展"思路,突出整机与配套并重、生产与研发并举,实施"1+4"工程,全力构建"整机+关键元器件+研发创新"联动发展的多极多层产业发展格局,巩固全球最大的PC制造基地地位,打造世界级智能终端产业基地。做优做强PC和手机智能终端整机行业,鼓励长虹、达丰、英业达、VIVO、传音、富士康、戴尔、纬创、仁宝等企业实施智能与绿色制造、扩大研发投入、开发承接新品订单、优化本地配套体系,不断增强核心竞争力、发挥龙头牵引力,持续做大产业规模。支持京东方、惠科等企业扩大显示屏供应,鼓励新普、群光等企业提升锂电池区域配套能力,推动荣昌区电子电路产业园、遂宁高新技术产业园区等发展,巩固发展显示屏、锂电池、电路板、智能传感器等关键配套产品,增强供应链韧性。

四、共同推动软件产业差异化特色化发展

加强川渝两地软件信息产业链全方位合作,打造川渝上万亿级软件产业集群。推动两江软件园与天府软件园加强交流互动,积极争创国家级知名园区。加强重大项目引进建设,加快建设智能终端软件协同攻关和体验推广中心项目。依托天府软件园,加快推进建设国家数字出口服务基地。围绕架构—芯片—软件,依托四川省信息技术应用与保障中心、西南信创技术研发示范中心和中国电子(重庆)软件产业园,开展信息技术应用创新协同,打造成渝信创协同产业基地。依托新川科技园、光大人工智能产业基地,以及川大智胜、四方伟业等重点企业,协同开展人工智能、物联网等新兴软件研发及创新,共同推进国家新一代人工智能创新发展试验区建设。差异化发展信息安全产业,依托中电科30所、电子科技大学等,推动川渝两地共同创建国家网络安全产业园区,打造全国网络安全产业高地。充分发挥重庆作为互联网骨干直连点的优势,依托两江水土国际云计算园区,协同开展数据存储和云计算服务业务。联合提升人才供给能力,共同引育软件人才,两地高校差异化设置优质软件学科,共同营造让软件人才放心来川、安心留渝、全心发展的良好产业生态。

五、共同推进新型基础设施重点项目建设

布局完善新一代信息基础设施,共同推进成渝地区重大信息基础设施一体化发展。实施川渝5G网络覆盖建设项目,优先部署成渝双城高铁、高速公路等交通要道,以及产业园区、重点企业的5G网络覆盖,不断丰富5G应用场景。充分发挥成都、重庆互联网骨干直连点作用,提升数据中心互联能力,统筹布局大型云计算和边缘计算数据中心,依托云锦大府、中国·雅安大数据产业园、重庆两江水土国际云计算园区等,协同推进全国一体化大数据中心体系成渝枢纽节点建设。加快打造成渝地区工业互联网一体化发展示范区,支持成渝地区重点行业企业联合共建共用一批二级节点(电子信息、装备、生物医药、白酒、家具、汽车、化工、消费品、新能源、食品)。支持中国工业互联网研究院在成渝共建国家工业互联网大数据区域和行业分中心、新型工业互联网交换中心,推动川内节点与重庆顶级节点实现互联互通。建设成渝工业互联网一体化公共服务平台。积极引导企业在川渝两地开展试点示范,打造一批重点行业和典型应用场景标杆样板工程。

六、共同加大川渝电子信息产融合作力度

共建覆盖两地、资源共享的金融保障体系,以四川省集成电路和信息安全产业投资基金、重庆市计划组建的重庆集成电路产业基金为主体,用好成渝地区双城经济圈发展基金,将电子信息产业纳入发展基金全面统筹,引导两地电子信息产业结构调整优化。川渝两地共同争取国家集成电路产业投资基金、政策性银行支持川渝地区电子信息产业发展。

七、共同构建多层次产业协同发展新体系

构建川渝电子信息产业重点产品产业链供需对接平台,促进两地电子信息领域企业互采互供,实现川渝电子信息企业协同发展。推动两地5G、大数据、云计算、量子科技、人工智能、物联网、区块链等新一代信息技术应用和集成创新,培育电子信息产业新增长点。强化质量管控,鼓励采用先进技术和标准,共同培育电子信息产业领域自主品牌和产品。加强两地高校、企业、科研机构、行业协会等交流合作,共同营造良好产业发展氛围。聚焦重点领域编制川渝电子信息产业链全景图,集中力量强链补链延链。鼓励川渝两地联盟协会围绕产业互补、行业互联、企业互通、协会互助等方面,加

强产业互动合作,加快形成跨区域电子信息产业联动协同发展模式。

电子信息产业作为国民经济基础性、先导性、战略性、支柱性产业,是抢占国际经济制高点的"大国重器"。成渝地区电子信息产业基础雄厚,并且具备实现高质量协同发展的基础和条件,应充分发挥两地政策、产业、资源等优势,以做强产业、做大总量、转型升级为目标,以提升产业配套合作、推动技术协作攻关、共建特色产业集群、搭建合作交流平台、加强人才培养合作为重点,加快构建川渝"一轴双核、两带三区"电子信息产业协同发展新格局,为成渝地区双城经济圈高质量发展奠定坚实基础。

附件二:案例分析《承接东部产业转移——重庆打造沿江承接产业转移示范区建设路径分析》

近年来,国家发展改革委在中西部批复设立了一批承接产业转移示范区。各示范区着力创新体制机制、提升配套服务、完善政策措施,有力促进了中西部承接国内外产业转移。重庆以沿江承接产业转移示范区(包括涪陵区、九龙坡区、巴南区、永川区、大足区、荣昌区、璧山区)(以下简称"示范区")为抓手和载体,立足区位优势、生态优势、产业优势、体制优势,积极探索、大胆实践,大力承接东部地区产业转移,并取得积极成效。2021年,国家发展改革委将重庆沿江承接产业转移示范区经验做法整理刊发,为承接产业转移示范区进一步完善政策,加强体制机制创新,提升承接能力,推动示范区高质量发展提供了重要参考借鉴。

根据国家发展改革委发布的全国承接产业转移示范区经验做法系列报道,重庆打造沿江承接产业转移示范区建设路径如下[①]:

一、锻造产业"全链条",构建集群"新高地"

2011年,重庆沿江承接产业转移示范区获得国家发展改革委批复,成为全国第3个、西部地区第2个国家承接产业转移示范区。以此为抓手,重庆充分发挥龙头企业集群效应,精准承接特色产业转移,并打造战略性新兴产业,锻造数字产业"全链条"。

---

① 全国承接产业转移示范区经验做法系列报道之二:重庆沿江承接产业转移示范区抢抓产业转移机遇 激发经济发展潜力[J].经济管理文摘,2021(13):3-6.

（一）充分发挥龙头企业"卫星效应"

九龙坡区以智能家居和电子元件为主导产业，形成以格力为龙头的家用空调生产链条，集聚格力电器等规上工业企业57家；巴南区通过引入电子平板龙头企业惠科及其液晶面板8.6代线、1000万台电视机显示器等生产项目，带动颖扬光学等20多家配套企业入驻，形成从玻璃基板、液晶面板、IC绑定、显示模组到整机的全产业链；永川区引进利勃海尔等行业龙头企业，数控机床及零部件产销量占全市1/3；依托中德（重庆）智能产业园、智能家居产业园等载体，培育壮大智能装备产业集群，建设成渝地区重要的先进制造业基地。

（二）精准承接做大做强"本土特色"

立足本地优势产业精准承接产业转移，把承接转移与转型升级结合起来，突出高端引领、集群带动，不断发展壮大本地区特色产业。大足区依托现有五金、汽摩零配件产业优势，引进利爵、荣爵等7家摩托车整车企业和万古动力等25家关键零部件配套企业，摩托车整车产能达200万辆，成为全市重要的摩托车生产集聚地；九龙坡区围绕全系列商用车、各种排量摩托车以及零部件生产，集聚庆铃汽车等规上工业企业117家，形成了较为完整的商用车和摩托车产业链；荣昌区规划建设陶文化创意产业园，集聚陶瓷产业，引进惠达等玻陶企业70余家，2020年荣获中国轻工业联合会授予的"中国西部陶瓷之都"称号。

（三）聚焦战略性新兴产业打造发展"新引擎"

璧山区积极推动科技成果产业化，"Micro LED""云巴"等科创成果相继诞生，康佳光电技术研究院入围市级制造业创新示范中心，比亚迪"刀片电池"获评全球新能源汽车创新技术；大足区瞄准新型高端、高附加值、科技密集产业，编制大数据等招商地图，先后引进外延片等科技型企业56家；巴南区加快引进医药制剂等产业链条，成功引入智飞生物等龙头企业；九龙坡区集聚航天信息等200余家软件和信息技术服务优质企业；永川区大数据产业园入驻企业达到365家，五年累计实现产值560亿元，单体规模跃居重庆首位，实现由"声谷"向"云谷"的蜕变；荣昌区聚焦PCB电子电路板等产业方向，依托总投资150亿元的西部电子电路产业园，围绕专业设备等上下游产业链招商，达成投资意向23家（正式签约入驻10家），打造"引领川渝、辐射西南、面向全国"的电子电路产业集群。

二、抓住重点项目"牛鼻子"，跑出重庆"新速度"

重庆沿江承接产业转移示范区着力抓好重点转移项目，锻造大数据产业、汽车制造业等产业优势，推动示范区朝着既定发展目标抢抓项目引进、建设和储备工作，重大项目亮点纷呈，成为示范区经济发展的加速器。

(一)大数据"动起来"

巴南区腾龙5G产业公园开工建设,项目总投资100亿元,规划两期建设运营高级数据中心(IDC)等;涪陵清溪园区成功签约浙江德宝科技5G基站系统集成项目;九龙坡区建设润泽(西南)智惠创新城项目,打造大数据基地、集约化数智物流集结分拨共享平台、集约化生产商贸仓储服务共享平台等,引进启迪数据云集团全国总部和启迪密码科技园项目,聚焦数据科技型企业投资、孵化。

(二)汽摩项目"引进来"

永川区引进长城汽车、雅迪电动车等整车及代工企业,永川皮卡产量占全国皮卡总量比重超1/4;涪陵清溪园区成功引进浙江万丰集团年产600万件汽车零部件项目;璧山区已投产比亚迪电池等新能源汽车项目13个,年产值达247.9亿元,比亚迪动力电池全球总部、桔电新能源智能汽车总部基地即将动工建设,中国长安青山智能传动产业园完成资产重组,混动力中试线以及电驱动总成生产线一期(一阶段)等重点项目建成投产。

(三)材料项目"强起来"

涪陵区引进攀华集团年产450万吨智能化热轧项目,达产后可实现年产值200亿元以上、税金3亿元;华峰新材料产业园成功承接一批重点项目,拥有年产75万吨己二酸、11万吨差别化氨纶生产能力,成为全球最大的己二酸生产企业和氨纶生产基地;荣昌区成功引进德力玻璃等项目,总投资55亿元。

三、打好营商环境"优势牌",筑牢金巢"引凤来"

示范区在承接产业转移过程中,抢抓机遇、埋头苦干,努力做好"筑巢引凤",确保承接的转移产业请了"愿意来",来了"留得住",留下"能壮大"。

(一)制度改革不止步,打造良好营商环境

示范区持续深化"放管服"改革,从招商、引进到落地发展,建立全过程服务机制。设置"一件事一次办"专窗,实现线上"一次登录、一网通办",线下"只进一门、只跑一次",97%的市级行政许可事项实现最多跑一次。出台"优化营商环境实施方案"等专项政策文件120余个,出台产业升级、土地保障、财税支持、融资支持等政策达100余项。

(二)配套建设迈大步,构建"开放大通道"发挥战略枢纽作用

高速公路通车里程达到3412公里,高铁在建规模超过800公里,铁路运营总里程达到2394公里。加快建设轨道上的重

庆,城市轨道交通通车总里程达到370公里。建设西部陆海新通道辐射92个国家和地区,渝新欧班列覆盖30多个国家,累计开通3000多班列,国际贸易通关时间缩短30%,企业综合成本下降20%。累计开通国际航线105条,通航五大洲33个国家73个城市。

(三)招商引资不停步,狠抓"热力指数",营造浓厚招商氛围

以长三角、珠三角和京津冀地区为重点,强化专业招商、精准招商。定期展示和通报招商工作热力"周指数""月指数""年指数"排名,晒出各单位项目签约、项目开工、外出拜访、企业到访等成效,营造"比学赶超"氛围,督促提高招商强度,增强招商实效。

综上所述,重庆沿江承接产业转移示范区抢抓产业转移机遇,积极推动以上措施的落地,经过多年的发展,通过高起点、有选择地承接先进制造、电子信息、新材料、生物、化工、轻工、现代服务业等七大产业,示范区多平台多方式承接东部产业转移,打造了18条产业链,推动了产业集群建设,助推重庆数字产业规模不断发展壮大,为成渝地区双城经济圈建设奠定了产业基础。

附件三：案例分析《积极打造数字产业协同发展新高地——京津冀数字产业发展现状及协同建设路径分析》

在新冠肺炎疫情和经济下行压力的双重影响下,数字产业显现出巨大的生机,成为推动国民经济持续稳定增长的关键引擎。党的十九届五中全会明确提出建设数字中国,加快数字化发展[①]。在此背景下,京津冀三地作为"首都经济圈",积极发挥数字产业"排头兵"作用,推动数字产业协同发展重大工程项目落地实施,为京津冀地区带来发展新机遇[②]。

一、京津冀数字产业发展现状

在数字产业布局中,京津冀"一极两翼、振翅欲飞"的总体发展格局初步形成。其中,作为"一极"的北京,在数字产业的协同

---

① 本刊编辑部.发展工业互联网 建设数字开发区——2021(第五届)京津冀开发区协同创新发展论坛专家发言摘编[J].经济与管理,2021,35(5):35-43.
② 崔丹,吴昊,吴殿延.京津冀协同治理的回顾与前瞻[J].地理科学进展,2019,38(1):1-14.

发展中发挥着创新与引领的作用。作为"两翼"的天津和石家庄,则辐射带动周边城市的数字产业发展。通过"三地一体"协同发展的总体布局,京津冀数字产业正在加快构建"同轨上的京津冀"。

(一)北京:发挥数字产业引领优势,构建数字经济发展新高地

北京作为京津冀数字产业发展的引领者、主导者,相关基础设施建设完善,数字经济发展成果显著,培育出了百度、京东、360等近百家人工智能、大数据、云计算相关领域上市企业,数字先导产业和数字支柱产业在全国范围内遥遥领先。同时,随着京津冀数字产业协同发展的推进,北京在数字企业、数字技术等方面积极疏解非首都功能,推动京津冀数字经济协同发展。

如北京数字经济创新驱动发展模式图所示,北京积极通过孵化和应用的方式,将部分数字技术转移到邻近的津冀地区,从而带动津冀地区数字经济的发展,并进一步通过研发和溢出方式,将数字技术渗透到京津冀以及全国其他地区,从而起到正向的引领和带动作用,最终促进京津冀乃至全国的数字创新链条从低端走向高端。

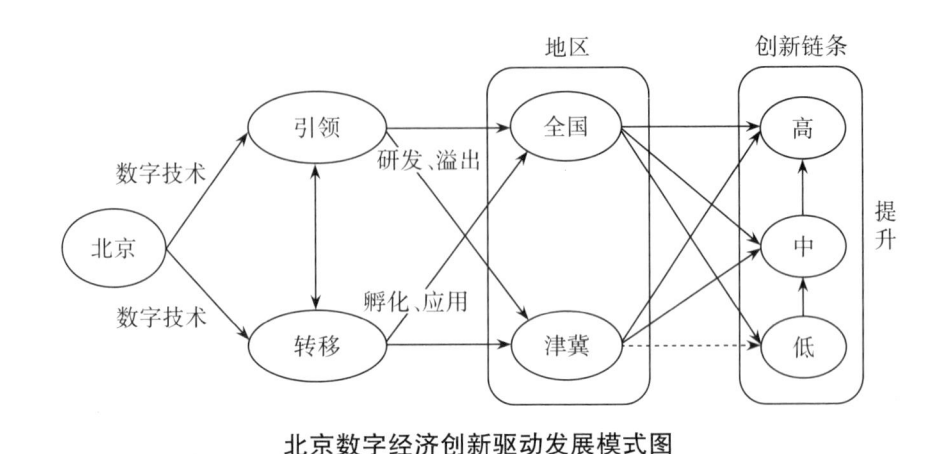

北京数字经济创新驱动发展模式图

(二)天津:构筑数字产业桥梁纽带,优化数字产业链条

天津充分利用自身在数字产业发展方面所具有的区位优势、基础设施、经济环境等条件,大力承接北京的数字企业与相关数字技术,在京津冀三地的数字产业协同发展中起到了很好的桥梁与纽带的作用。目前,天津已经实现中心城区光纤网络全覆盖,第五代移动通信技术(5G)正式商用,建成大数据存储与超算中心相结合的新一代信息基础设施,全面实现铁路、公路、航运、电力、建筑等城市基础设施数字化、智能化。

此外,天津一直坚持"引进来"和"走出去"战略。通过引进北京等地先进的数字技术,并融合大数据收集、人工智能、网络安全等特色产业,天津打造出了一条独有的京津冀数字产业链条。在具体实践中,天津加速推动数据资源对接、数据企业合作、数据园区共建,打造以北京为创新核心,天津为综合支撑,河北张家口、廊坊、承德、秦皇岛、石家庄为应用拓展的大数据产业一体化格局。2017年8月,以国家超级计算天津中心为基础建设的京津冀大数据协同处理中心成立,三地互联共享"数据走廊"。目前,天津已经实现大数据资源集聚共享和流通交易,人工智能、云计算、大数据、超级计算等新一代信息技术产业规模达到1万亿元,培育了一批影响力大、竞争力强的数字企业,智能型特色产业规模达到全国领先水平,形成了完整的、安全可靠的产业链条。

(三)河北:积极承接数字产业转移,打造数字产业新增长极

河北近年来数字产业发展快速。石家庄数字化产业发展居于全省领先地位,唐山、沧州、廊坊、秦皇岛等城市共同组成数字化产业发展的承接梯队,保定、张家口在良好的政策引导下,数字化产业具有强大的后发优势。河北一直积极建设雄安国家数字经济创新发展试验区,充分发挥国家试验区的示范带动作用,在智能城市建设、数字要素流通、体制机制构建等方面先行先试,打造全国数字经济创新发展的领军城市,探索数字产业发展的新模式,努力成为京津冀数字产业协同发展新增长极。具体涉及四个方面:

1.智慧城市

在雄安新区率先建设国际一流的城市感知设施系统,构建城市全覆盖的数字化标识体系,建立汇聚城市数据和统筹管理运营的信息管理中枢,打造绿色智慧新城。

2. 生产要素

率先构建数字经济生产要素体系,建设大数据交易中心,推进数据要素资源高效有序流动和深度开发利用,支持开展数据资产管理、数据交易、结算交付等业务。

3. 创新模式

率先构建社会主义市场经济条件下新型科研体制,促进数字产业链上下游协同创新,加快发展区块链、量子通信等新一代信息技术产业,培育一批数字经济龙头企业。

4. 数字政府

率先建设数字政府,构建多元协同治理机制,在数据权属界定、新业态监管等领域不断完善与数字经济发展相适应的政策文件,优化调整数字经济生产关系。

总体来看,数字产业为京津冀产业协同发展注入了新活力,京津冀地区在推动数字产业发展上,充分发挥各自区位优势,把握数字科技革命和产业变革带来的"另辟蹊径"的窗口机遇,积极推动京津冀数字经济发展迈上新台阶。

二、京津冀数字产业协同发展所面临的问题

京津冀协同发展是优化国家区域发展布局、打造国家数字经济增长极的关键力量,也是解决京津冀三地发展面临的矛盾和问题的现实需要。但是,由于京津冀三地分属不同行政区,各

区域的数字产业协商机制不明确,数字产业协同发展的合作意识和合作理念不强,区域发展并未达到统筹兼顾的要求,制约了京津冀数字产业一体化发展[①]。

(一)数字产业整体发展尚需强化

京津冀三地数字产业发展差距较大,促使要素单向流动。一方面,北京市凭借数字经济创新资源聚集地、全国数字产业制高地以及产业数字化方案输出地这一资源,实现了数字化产业的飞速发展。另一方面,天津市围绕"一基地三区"的功能定位,打造"天津智港"。壮大智能型先导和数字产业,推动天津市数字经济发展迈入数据驱动、人机协同、跨界融合、共创分享的新阶段。而河北的数字经济竞争力指数远远低于京津两地甚至是全国平均水平,在数字化产业发展方面还需要进一步提升。一方面,河北还与京津两地在 AI、区块链等数字技术领域存在明显的差距。其中,数字企业的盈利能力和创新能力也呈现出较大的不足。另一方面,京津两地与河北在数字技术领域以及人才资源投入上差距悬殊,使京津冀地区特别是作为龙头的北京缺少和天津以及河北整体发展的动力,三地协调发展更加艰难。京津冀之间以内部经济发展形成的核心—边缘分布格局,固然可以使处于核心区的北京、天津通过实现数字产业的规模经济和集聚经济而进一步发展,但在循环累积因果关系作用下,集聚区与非集聚区的发展差

---

① 薄文广,陈飞.京津冀协同发展:挑战与困境[J].南开学报(哲学社会科学版),2015(1):110-118.

距会越来越大,进而造成了当前京津冀地区"北京吃不完、天津吃不饱、河北吃不着"的问题。

(二)数字技术协同创新发展不均衡

京津冀区域数字产业创新资源共享不足,北京、天津、河北三地创新主体间联系还不够紧密。主要表现为津冀两地总体创新水平不高,与北京存在较大差距;区域内创新合作不足,受北京虹吸效应影响明显,有待重新构建跨区域产业创新链。

第一,津冀两地总体上创新水平不高,与北京市存在较大差距。北京作为全国的科技创新中心,拥有众多国家级科技创新平台。北京在数字创新要素、数字基础设施、核心数字产业以及数字融合应用方面优势显著。但相比之下,河北和天津的数字产业平台相对偏少。[1]其中,仅有国家重点实验室12家、国家企业技术中心51家,在京津冀地区乃至全国范围内均处于中下游水平。出现这种现象的主要原因是三地创新资源分布不均匀,北京集聚了较为丰富的创新资源,而河北的创新资源较北京相差巨大。此外,河北省创新投入力度不足,2017年的研发经费投入强度为1.33%,约为北京的1/4和天津的1/2,较全国约低0.8个百分点[2]。

---

[1] 中国信息通信研究院,中央广播电视总台上海总站.我国区域数字经济百花齐放[J].信息化建设,2021(2):12-13.

[2] 蒋敏娟,张弦.新时代京津冀协同发展及影响因素研究——基于整体性治理关键变量的分析框架[J].行政论坛,2019,26(6):139-146.

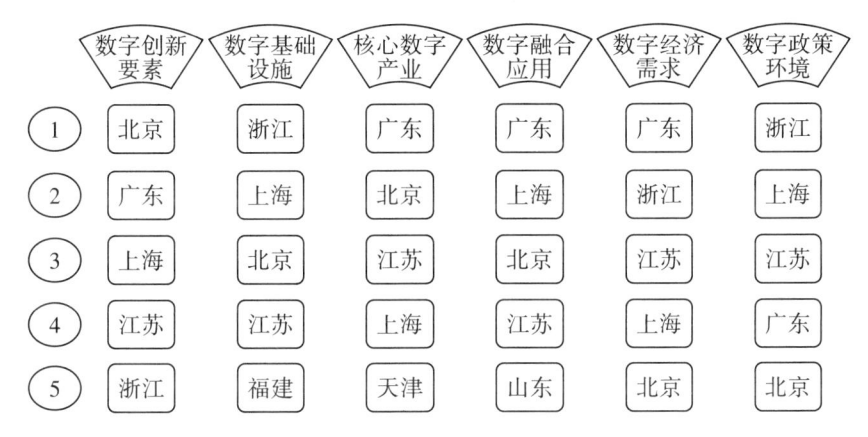

	数字创新要素	数字基础设施	核心数字产业	数字融合应用	数字经济需求	数字政策环境
①	北京	浙江	广东	广东	广东	浙江
②	广东	上海	北京	上海	浙江	上海
③	上海	北京	江苏	北京	江苏	江苏
④	江苏	江苏	上海	江苏	上海	广东
⑤	浙江	福建	天津	山东	北京	北京

2019年我国区域数字经济创新力指数排名(前五名)

第二,京津冀区域内创新合作不足,受北京虹吸效应影响明显。为解决京津创新资源闲置与河北技术需求难以得到满足的问题,京津冀设立了京津冀基础研究合作专项,由于经费数量无法有效满足区域产业关键共性技术需求,以及河北在人才支撑、营商环境等方面难以符合京津技术转移方的要求等,最终导致部分创新资源跳过河北转而向长三角地区和珠三角地区转移。与此同时,京津冀三地还通过数字化的创新合作实现了区域内部分平台共享和设备共用,但在支持范围和便捷性等方面仍有较大的改进空间。此外,北京对京津冀的辐射带动作用仍有上升空间,且津冀两地未能充分发挥地缘优势,仍需要进一步优化京津冀三地承接转移平台,促进承接北京产业转移及在津冀两地科技创新成果转化[①]。

---

① 刘阳,王庆金.京津冀产业协同发展存在的问题与路径优化研究[J].农村金融研究,2018(3):29-33.

(三)数字产业协同机制不健全

京津冀区域间数字产业分工协同程度偏低,有待重新构建跨区域的数字产业链。目前,数字产业分工已呈现新的特点,产业向更为细化的分工形态转变,京津冀三地需要重新构建更为细致化的产业链分工形式,密切区域间的产业联系。首先,京津冀区域治理主体主要是各级政府。尽管近几年企业和非政府组织参与意愿增强,相关活动增多,但多元主体共同治理的格局尚未形成,仍缺少参与治理的途径,难以对政府治理活动、结果形成压力,这与国外成功的大都市圈治理形成鲜明对照。其次,京津冀区域还未实现治理上的协同高效。现有文件在权责关系、约束体系、监督机制等方面还不健全,总体上是引导作用大于统筹作用。由于缺少相关规则规范政府行为、调节政府关系,地方政府在政策执行时具有主观性,进而酿成一定程度的区域冲突。最后,京津冀三地还未就一些领域的政策协同达成一致意见。如在数字技术共享、数字生态治理等方面缺少统一规划,政策执行上也存在差异,执行标准和力度不一致,影响最终治理效果。

三、京津冀数字化产业协同发展路径

在数字经济发展过程中,数字产业是最为重要的内容,只有增强数字产业协同发展才能推动数字经济的发展。京津冀三地区应积极探索有效的数字产业协同发展路径,针对当前京津冀在数字产业协同发展道路上存在的问题,制定科学合理的应对方案,确保数字产业协同发展战略顺利实施,为国家带来更大的数字技术效益和经济效益。

(一)发挥北京"一核"优势,辐射带动"三圈"协同发展

"一核"辐射带动是指在京津冀范围内,充分发挥北京"一核"辐射带动作用。充分发挥北京数字产业化和产业数字化优势基础,推动数字产业链供应链创新链协同发展,加速科技赋能津冀数字产业,协同推进数字化、智能化、绿色化改造升级。一方面,以北京的数字产业为基础,重点培育津冀二地的数字经济,进一步加大对天津、河北发展数字产业的支持力度。另一方面,在数字产业创新发展、数字产业协同发展等方面要形成区域一体化的宏观政策引导,即北京在享有相关优惠政策的同时,也应把部分数字产业转移到津冀二地,优化区域产业结构,打造数字化产业示范区和重点产业集群,构建良好的区域产业生态体系。

环京地区产业协同发展规划了三个圈层。第一个圈层是依托北京向外50公里左右的环京周边地区打造环京产研一体化圈层。这一圈层将加强北京与廊坊北三县、固安、保定涿州、天津武清等周边地区的发展协作,促进北京"摆不开、放不下、离不远"的数字科技创新和高端数字制造产业链就近配套。第二个圈层是指依托北京向外100公里到雄安、天津打造京津雄产业功能互补圈层。这一圈层主要围绕疏解和承接功能,推动北京

城市副中心与河北雄安新区的"两翼"联动。第三个圈层是指依托北京向外150公里到保定、唐山、张家口、承德、沧州等城市打造节点城市产业配套圈层。这一圈层沿京津、京保石、京唐秦等主要交通通道,推动数字产业要素沿轴向集聚,构筑产业配套圈。

(二)强化数字基础设施建设,推动区域一体化布局

京津冀数字产业区域内部发展尚不均衡,三地间数字经济差距仍需进一步平衡。京津冀地区支持国家互联网大数据中心体系建设的全面落地,充分发挥京津冀地区大数据综合试验区的优势,推动区域、行业中心率先落地。加快推进大数据、数字信息、数字产业等一系列基础性战略资源的区域汇聚、共享和应用。目前,京津冀地区正在努力探索构建实时、精准的数字经济运行监测体系,以支撑各级政府部门的高效决策,服务数字经济社会的高质量发展[①]。

数字基础设施支撑生产管理全过程数据贯通、全要素网络化协同和全场景智能化发展,为数字企业整合优化研发、设计、生产、供应、营销、服务等主要环节和提升资源配置效率提供了新选择。加快培育数字基础设施建设,推进京津冀数字产业一体化建设。从政府方面,京津冀地区通过三方联动创新数字化服务模式,加快数字化建设,提升数字治理效能,建设数字化政府;积极推行养老医疗、智慧社区、智能出行等公共事务数字化

---

① 韩英.京津冀科技创新协同发展研究[J].科技创新与应用,2021(8):32-34.

建设,进一步推动京津冀区域数字产业的协同发展。从企业方面,区域数字企业通过发展数字经济业务新模式,推动数字化转型;打造数字经济新增长点,发展数字经济新模式,京津冀三地鼓励数字企业自身融入产业互联网生态。目前,京津冀地区已有多家数字企业建设并利用数字经济赋能产业发展。企业通过利用数字经济促进企业的升级换代,提高了生产效率,促进了区域的协调发展。

(三)改善区域分工碎片化,重构产业链分工体系

京津冀在推进地区数字产业协同发展时,注意到了区域的分工创新,通过数字化转型,加快信息与知识要素在整个数字产业体系中的流转速度,以此优化地域空间分工,提升区域间交易效率。促进规模化、集约化发展,实现区域间产业结构协同发展。此外,京津冀三地通过搭建产学研合作平台,促进创新产业链的多方联动,构建多层面、多主体、多要素之间的协同分工体系。

抓重点,把控龙头企业方向。京津冀地区有序推动以数字产业重点部门的龙头企业为牵引的产业链、供应链数字化转型工作。引导龙头企业基于大数据、互联网的京津冀区域产业链、供应链云图建设,构建供应链数据动态采集平台,为区域一体化产业治理提供数字化基础能力。强化基于数据的区域产业链监测能力,针对性开展供应链断点、堵点识别,支撑开展重点行业强链、补链工作,推动区域供应链一体化建设。

完善数字化转型价值链分配机制。关注京津冀区域分工碎片化加剧的可能。通过数字化转型,形成智能化制造、网络化协同、个性化定制、服务化延伸、数字化管理新业态新模式,推动数字经济进一步向更多行业、更多场景延伸,牵引京津冀区域数字化产业价值链进一步跃升。

四、小结

京津冀三地政府之间签订了多份加强数字经济合作的协议和文件,数字产业协同发展也取得了的阶段性成果。但京津冀在数字产业协同发展方面仍面临着发展差距较大、产业良性互动不足、协同治理机制缺乏等问题。因此,京津冀数字产业协同发展应该遵循全方位、全方面合作原则,在增强京津冀数字产业竞争力的同时,缩小三地之间在数字科技发展上的差距,全面促进京津冀数字产业协同发展取得更大的收获,真正实现区域经济社会发展良性互动,促进京津冀数字产业新动能的提高。

附件四：案例分析《全面构建数字产业协同发展新模式——粤港澳大湾区数字产业协同发展现状及建设路径分析》

粤港澳大湾区包括香港特别行政区、澳门特别行政区和广东省的珠三角九市，是我国开放程度最高、经济活力最强的区域之一，在国家发展大局中具有重要战略地位。在数字产业发展方面，粤港澳大湾区高端制造业基础扎实，数字产业集群优势明显，数字技术创新动能强劲，城市数字产业梯度分明，协同共建了一批高质量数字产业园区、规模化数字产业集群、产学研一体化平台，塑造了数字驱动雁阵模式。

一、粤港澳大湾区数字产业协同发展定位

（一）聚焦传统产业，打造数字化转型标杆

新一代信息产业同传统产业快速融合，粤港澳三地正大力推动湾区内工业、农业、服务业数字化、智能化转型升级。在工

业数字化领域,粤港澳地区鼓励行业龙头骨干企业牵头建设工业互联网平台,开放先进技术、应用场景,将数字化转型经验转化为标准化解决方案向行业企业辐射推广。在服务业数字化领域,重点发展数字金融、智能交通、智慧文旅等新业态新模式。在农业数字化领域,实施数字乡村发展战略,推动农业高质量发展,打造数字农业硅谷,培育新型数字农民,推动农业电子商务,探索5G+智慧农业发展模式。

大湾区传统产业数字化转型重点方向和成果

产业类别	重点方向	成果
工业数字化	鼓励行业龙头企业牵头建设工业互联网平台,加快智能车间、智能工厂建设,带动通用智能制造装备等迭代升级	截至2020年9月,累积推动超过6000家工业企业运用工业互联网数字化转型,50万家中小企业"上云用云"
服务业数字化	重点发展数字金融、智能交通、智慧文旅等新业态新模式	智慧医疗方面,全面开展"互联网+"医疗服务;直播电商方面,直播App和MCN机构数量全国第一
农业数字化	实施数字乡村发展战略,打造数字农业硅谷,培育新型数字农民,推动农业电子商务,探索5G+智慧农业发展模式	江门开展5G智慧农业科创园建设,广州增城区建设5G智慧农业试验区,湛江5G+智慧水产示范应用

(二)加快培育战略性新兴产业,打造数字产业集群

《粤港澳大湾区发展规划纲要》提出的发展目标之一:供给侧结构性改革进一步深化,传统产业加快转型升级,新兴产业和

制造业核心竞争力不断提升,数字经济迅速增长,金融等现代服务业加快发展。在当前大湾区以产业集群为切入点,通过新一代信息技术赋能产业集群数字化转型升级的发展格局之下,粤港澳三地正积极以数字技术引领战略性新兴产业发展,布局战略性新兴产业重点发展方向。

战略性新兴产业集群发展重点

产业类别	发展重点
半导体与集成电路产业集群	围绕逻辑综合、布图布线、仿真验证等方向,加强数字电路EDA(电子设计自动化)工具软件核心技术攻关,推动模拟或数模混合电路EDA工具软件实现设计全覆盖,打造具有自主知识产权的工具软件。推动基于数字技术的新一代封装设备、微结构阵列超精密加工机床、3C机器人等高端电子制造设备及智能集成系统应用。加快研发新型电子元器件仿真设计、厚/薄膜关键工艺、可靠性提升控制技术,提升封装测试加工环节数字化水平
高端装备制造产业集群	支持广州、深圳、佛山、东莞、中山打造高端数控精密加工装备和激光装备产业基地,加快高档数控系统研发应用,推动安全可控计算机辅助设计软件与高端数控机床的适配应用,建立基于数字技术的装备运行状态监控体系。促进海工装备、轨道交通装备和航空装备研发设计、生产制造、检测检验等环节向数字化、智能化发展,支持整机及核心零部件企业建设数字化、智能化、无人化车间
智能机器人产业集群	围绕广州、深圳、珠海、佛山、东莞、中山等机器人产业基地,开展智能机器人全生命周期可靠性和数字制造工艺技术研究,建设人工智能、感知、识别、驱动和控制等新一代信息技术数字研发平台。支持研究三维建模与可视化、故障诊断与远程运维、运动仿真、轨迹生成等数字技术,探索视觉、力控等传感技术与人工智能在机器人领域的融合应用,推动数字集成应用软件的研发。加快研发和推广机器人开源操作系统,构建开发者生态体系,促进二次开发和集成创新应用

续表

产业类别	发展重点
区块链与量子信息产业集群	加快推动区块链与量子信息产业集群赋能制造业数字化转型,推动区块链技术与智能制造、金融、供应链、电子存证、产品溯源、数字版权等应用领域的深度融合,打造特色鲜明、亮点突出、可复制推广的区块链典型应用案例。充分发挥量子计算、量子通信、量子精密测量与计量等量子信息关键技术在制造业数字化转型过程中的支撑和引领作用,实现高性能计算、信息安全存储和传输等技术应用,有效提升高端产品设计、制造控制、物流和供应链优化等环节效率
前沿新材料产业集群	以广州、深圳、佛山、东莞、珠海等地为引领,突破高通量制备、表征和服役性能高效评价技术和装备,建立以材料数字化为基础的材料基因工程,缩短新材料研发周期,提高研发效率和质量。加速推动智能材料、电子陶瓷材料、高分子与精细化工新材料、稀土及先进功能材料等前沿新材料的研发、中试及示范应用,推进产用平台、测试评价平台、参数库平台和资源共享平台等数字公共平台建设,辐射带动汕头、韶关、梅州、惠州、汕尾、江门、肇庆、清远等地新材料产业加快发展
新能源产业集群	推动建立数字化风场,建立风机终端和设备状态智能监测感知系统,运用工业互联网平台开展远程风电资产的数据分析、管理及优化。推动核电经营管理数字化、流程化,实施核电全寿期数据管理和智能管理。拓展分布式光伏发电应用,形成基于数字技术的微电网技术体系。提升从氢气制储、加运到燃料电池电堆、关键零部件和动力系统集成的全产业链数字化水平。推进人工智能与电力领域深度融合,提高全省电网侧、用电侧智能化水平

续表

产业类别	发展重点
激光与增材制造产业集群	以广州、深圳为引领,推动基于数字接口的精密激光智能装备、增材制造高端装备研制,强化激光软件系统的配套服务能力。加快增材制造在三维建模、计算机辅助设计、材料加工与成型等方面融合创新,促进激光与增材制造产业与汽车、模具、核电、船舶等产业深度结合,打造激光与增材制造领域集产品设计、基础材料、专用材料、关键零部件、高端装备与系统、应用技术与服务等为一体的全流程数字产业链
数字创意产业集群	加快推动数字创意产业集群赋能制造业数字化转型,重点围绕电子信息、家电、服装、玩具等行业,以工业设计引领制造和消费,鼓励设计企业参与制造全流程协同创新,推动设计机构、设计企业走进产业集群,加强与制造业企业在品牌创新、技术研发、功能设计等方面深度合作,发展创意设计、仿真设计等高端综合设计服务。支持特色产业集群开展数字化营销,在线展示生产工艺流程,促进品牌形象塑造和在线引流销售。推动数字创意与生产制造融合渗透,发展基于精品IP(知识产权)形象授权的品牌塑造和服装、玩具等衍生品制造,提高产品附加值
安全应急与环保产业集群	研究建立危险化学品全生命周期信息监管系统,综合新一代信息技术进行全过程信息化管理和监控。开展"工业互联网+安全生产"试点,围绕重点行业领域打造一批应用场景、工业APP和工业机理模型,推动企业构建快速感知、全面监测、超前预警、联动处置、系统评估等数字化能力体系,提升本质安全水平。推动数字技术与节能环保行业创新融合,推进能源清洁高效利用、高耗能设备节能改造及更新,助力实现"碳达峰、碳中和"目标
精密仪器设备产业集群	发挥在测试系统、超声波探伤仪、全自动生产在线监测系统等工业自动化测控仪器设备领域优势,提升设备接口通信、物联网连接、嵌入式软件技术水平,强化设备采集、通信、协同能力,提高精密仪器设备制造工艺水平和产品稳定性、可靠性,推动产业由中低端向中高端转型。进一步促进新型传感、测量、控制、数据采集等技术数字融合应用,推动精密仪器设备加快向数字化、智能化、集成化发展

(三)数字化治理能力加速提升,打造数字政府标杆

粤港澳大湾区及周边城市各级政府积极探索与布局数字政府建设,加强对数据资源价值的挖掘,充分利用数据的价值资产,不断提升决策能力、管理能力和服务能力[①]。广东省积极探索数字政府广东模式,建立数字政府管理建设新格局,以基础设施集约化支撑服务多中心化,建设了全省统一的"1+N+M"政务云平台,开通了粤省事、粤商通、粤易政等政务小程序,让民众办理政务事项实现"零跑动"。香港数字化治理体系建设逐步推进,已建成政府一站式公共资料入门网站"资料一线通",正在建设大数据分析平台以及增强保安功能的云端公共服务。澳门数字化治理建设取得阶段性成果,出台了澳门特区第2/2020号《电子政务》法律以及24/2020号《电子政务施行细则》行政法规,为建设数字政府,推动公共服务电子化提供了法律基础。粤港澳三地正积极提升城市治理水平与治理能力,加快推动数字政府改革建设,协同建设一体化"智慧政务"平台,实现政务数据高度共享、涉企审批事项高度整合、政务服务各环节与所需数据高度对接。

总体来看,粤港澳大湾区在建设世界级数字产业集群时,利用自身产业基础深厚、产业集群明显等优势,把握现阶段发展机会,围绕打造数字产业集群、完善数字基础设施建设、推动传统产业数字化转型、探索数字政府治理,打造数字经济开放

---

① 陈加友,吴大华.建设数字政府 提升治理能力现代化水平[N].鄂州日报,2019-12-13.

合作先导示范区,加快产业结构升级步伐,以数字经济驱动经济高质量发展。

二、粤港澳大湾区数字产业协同发展现状

(一)发挥产业互补优势,协同建立数字产业园区

《粤港澳大湾区发展规划纲要》发布以来,粤港澳三地政府围绕数字产业重点发展方向,共同建设大湾区数字产业园,加强三地科创资源的流通性和产业互补性,形成产业集群优势,为粤港澳大湾区的数字产业协同发展提供了更有利的条件。大湾区内通过建设港澳大湾区智能传感器产业园、港深创新及科技园、粤港澳大湾区协同创新研究院、中新广州知识城等,发挥产业互补优势,共筑数字产业发展高地。

粤港澳大湾区数字产业园

合作事项	合作内容
港澳大湾区智能传感器产业园	围绕高端设备、关键零部件和元器件、关键材料等智能传感器产业链的断点、堵点、痛点,鼓励研发创新、技术攻关和产业化发展
粤澳中医药科技产业园	借助5G、AI等新一代信息技术,提升对中医药产品质量控制、品质检测的精准度,打造数字化中医药质量控制、检测示范平台

续表

合作事项	合作内容
港深创新及科技园	以生物医药、新材料、人工智能、微电子等互补性较强的产业为重点,建立重点科研合作基地
粤港澳大湾区协同创新研究院	"1+4"发展模式,即设立管理部门为广州市,分别在香港、澳门、广州、深圳四地设立分中心
中新广州知识城	发展研发服务、创意产业、教育培训、生命健康、信息技术、生物技术、能源与环保、先进制造八大支柱产业,形成以知识密集型服务业为主导,高附加值制造业为支撑,宜居产业为配套的产业结构

(二)共同推进产业数字化转型,联手打造规模化产业集群

在数字产业协作方面,粤港澳三地充分发挥优势,促进产业升级和转型,聚焦新一代电子信息、智能家电、汽车、软件与信息服务、超高清视频显示等战略性支柱产业集群,以及半导体与集成电路、高端装备制造、智能机器人、区块链与量子信息、前沿新材料、新能源、激光与增材制造、数字创意、安全应急与环保、精密仪器设备等10个战略性新兴产业集群,以应用拉动相关产业发展,培育壮大新模式新业态。

(三)发挥粤港澳比较优势,协同共建创新格局

粤港澳三地在推动数字产业合作过程中,注重发挥广东省制造业优势,以及港澳金融业、服务业优势,借力推动大湾区数字产业的一体化发展。在重大科技基础设施方面,中国散裂中

子源运行、强流重离子加速器、脑解析与脑模拟、合成生物研究、材料基因组大科学装置平台等重大科技基础设施正加快建设。在创新平台方面,粤港澳三地围绕新材料、人工智能、生物医药、海洋科技等领域合作建设一批创新平台,鹏城国家实验室揭牌成立,中国科学院香港创新研究院注册成立。在产业创新方面,芯片等领域的关键核心技术攻关取得初步成效,5G、超高清视频、集成电路等产业项目陆续投产。

粤港澳三地以产业协同发展、实现产业链的空间重塑为导向,逐步搭建起"两廊"(广深港科技创新走廊、广珠澳科技创新走廊)、"两点"(深港河套创新极点、粤澳横琴创新极点)的框架体系,启动建设大湾区综合性国家科学中心先行启动区,集中谋划布局一批重大科技基础设施和科研平台,为大湾区数字产业协同布局提供了借鉴。

三、粤港澳大湾区数字产业协同发展问题

(一)数字产业合作协调机制缺失

粤港澳大湾区制度环境多样,包括香港和澳门两个特别行政区,深圳、珠海两个经济特区,广东自贸区的南沙、前海蛇口和横琴三个片区。目前,大湾区数字产业协作仍然存在管理体制、政治及法制壁垒。一方面,粤港澳三地合作发展由来已久,但政

府间的合作基本都以"行政首脑联席会议为召集方式"和以"行政协议为合作成果",缺乏法定的跨境区域协调机构①。在针对具体的数字产业分工与布局、交通系统的处理、生态环境的治理与保护等重大问题上,进行数字产业深度协作必然会产生法律及利益冲突。另一方面,在法律司法体系方面,香港和澳门拥有独立的司法体制,其运作模式与内地的司法体制有着较大的差异。法律元素的多元化,容易导致利益冲突和规则差异,损害三地之间数字产业的深度合作。

(二)数字产业分工同质化问题严重

粤港澳大湾区内产业层次结构的关联度及协同度近年来有所上升,但是内部数字产业趋同现象也较为明显,"9+2"城市之间在产业集聚、港口分工、交通物流、招商引资等诸多领域存在同质化竞争现象。例如,在金融产业方面,广州、香港、澳门为发展金融产业已经在湾区内建立了7个港口,导致港口产能相对过剩。在大数据领域,大湾区各城市低水平重复建设现象依然存在,个别城市甚至出现每个区县都建大数据或数字经济产业园的现象。没有打破行政区域分割形成的利益分割约束,在一定程度上阻碍了大湾区数字产业跨区域联动效应的发挥。

---

① 叶林,宋星洲.粤港澳大湾区区域协同创新系统:基于规划纲要的视角[J].行政论坛,2019,26(3):87-94.

(三)产研"两张皮"现象严重

在粤港澳大湾区数字经济及其产业发展中,科技和经济"两张皮"现象较为严重。一方面,湾区内部高校和科研单位与企业合作较为松散,拥有庞大产业需求的广东九市与科研资源优越的港澳缺乏有效对接,关键应用领域技术创新缺乏长期规划,核心技术自主可控程度较低。目前,湾区集成电路自给率只有14%左右,无线射频芯片、传感器、嵌入式处理器等5G核心关键技术80%以上依赖国外。另一方面,湾区数字经济复合型人才匮乏。当前大湾区9市数字经济类人才岗位薪酬水平低,对高端人才吸引力不足,数据采集、分析、清洗,以及人工智能、机器人、VR等领域人才缺口较大,数字化中高端人才依旧紧缺[①]。

(四)数字产业发展不平衡问题突出

粤港澳大湾区数字经济规模区域分化明显。第一梯队的广州与深圳,数字经济规模均已达万亿以上;位于第二梯队的珠海和东莞主要发展二三产业,但是其余5城主要依靠附加值较低的制造业及农业。此外,广东省仍有15个城市数字经济规模不到1000亿,数字经济发展仍处于加速追赶阶段[②]。香港在金融业、旅游业、物流业等高增值低就业型或者低增值高就业型产业

[①] 曾坚朋,王建冬,黄倩倩,等.打造数字湾区:粤港澳大湾区大数据中心建设的关键问题与路径建构[J].电子政务,2021(6):29-38.

[②] 朱金周,方亦茗,岑聪.粤港澳大湾区数字经济发展特点及对策建议[J].信息通信技术与政策,2021(2):15-21.

比较发达,但缺少制造等产业[①]。究其原因,一方面,粤港澳大湾区内的科研机构与高校创新研发人才向企业的流动缺乏制度保障和鼓励性政策,阻碍了科技创新转化为产业成果;另一方面,粤港澳大湾区在社会公共服务、工作环境等方面存在地理空间差异,香港、深圳、广州等龙头城市具有强大的"虹吸效应",导致大量人才、资本、信息等要素的集聚,而区内其他相对落后的城市则难以集聚资源。

四、粤港澳大湾区数字产业协同发展路径

(一)主体协同:破解产研"两张皮"问题

为破解产研"两张皮"问题,粤港澳三地积极探索多主体之间协同治理、多元治理,实现跨域治理。粤港澳大湾区依托各级政府、丰富的高校资源、各类科研院所、核心企业以及中介服务机构,形成了"1+18"产学研一体化的重大科技创新平台。"1"是指组建科学技术融合、前沿学科交叉、突破型引领型平台型一体的"黄埔实验室",打造粤港澳大湾区乃至全国科技创新体系战略力量的"科技黄埔军校"。"18"是指加快建设18家高水平研发机构,集中力量推动该区在大科学基础设施、大科学工程建设、产业技术创新体系构建、新型研发机构与创业孵化平台培育、重

[①] 张羽.粤港澳大湾区产业协同发展研究[D].大连:大连海事大学,2020.

大科技成果转化应用等方面快速提升。未来,应以这些平台为抓手,积极推动主体间创新协同,为数字产业协同发展提供充足的技术支撑。

(二)政策协同:扫除数字产业协同发展制度障碍

面对大湾区跨制度协作的问题,中央层面通过顶层设计打破粤港澳大湾区内存在的制度障碍,相继出台了《内地与澳门关于建立更紧密经贸关系的安排》《内地与香港关于建立更紧密经贸关系的安排》《珠江三角洲地区改革发展规划纲要(2008—2020)》《粤港澳大湾区发展规划纲要》等一系列协调区域发展的政策。在地方层面,广东省出台了《广东省自主创新促进条例》(2016修正)、《广东省促进科技成果转化条例》(2019修正)、《广东省人民政府办公厅关于进一步促进科技成果转移转化的实施意见》等一系列政策,允许高校独自设立资产管理公司对科技成果作价投资,对科技人员实施股权激励,赋予科技人员成果所有权,等等。目前,在中央和地方都成立了推进粤港澳大湾区建设领导小组,建立城市间持续合作的长效机制,实现区域框架内产业、城市的双协同,为大湾区的发展提供了制度保障。

(三)全要素协同:破解经济融合发展的底层问题

人才、资本、信息、技术等要素的自由流动是大湾区数字产业协同发展的关键。在人才方面,全面贯彻落实《加强港澳青年创新创业基地建设的实施方案》，吸引港澳人才，为港澳青年创新创业提供更多机会；专业人才资格互认，对专业服务人员跨境执业等放宽限制，推动粤港澳大湾区人才交流合作。在资本方面，三地积极协同营造最优的金融和投资环境。《中国人民银行、中国银行保险监督管理委员会、中国证券监督管理委员会、国家外汇管理局关于金融支持粤港澳大湾区建设的意见》提出，研究推进金融对接科技产业的服务模式创新，建立健全区域金融监管协调机制。在信息方面，珠三角城市群间高速公路网不断完善，便捷、高效的珠三角城际轨道交通网络正在加快建设。通过对区域基础设施进行合理规划布局，完善交通配套基础设施，粤港澳三地通关通行更加便利[①]。

面对粤港澳大湾区数字产业协同发展的种种问题，粤港澳三地始终着力推动数据与人才、技术、资本、管理等要素深度融合，实现了以数据流通驱动产业投资、人才培养、技术创新和管理变革，发挥了数据作为核心生产要素的作用，破解了经济融合发展的底层问题。

---

① 叶林,宋星洲.粤港澳大湾区区域协同创新系统：基于规划纲要的视角[J].行政论坛,2019,26(3):87-94.

五、结论

粤港澳大湾区数字产业协同发展在实现以科技创新驱动产业升级、以价值链整合产业布局、以整体效应规范产业有序发展的目标上具有重要作用。但是,粤港澳三地也面临着数字产业合作协调机制缺失、数字产业分工同质化问题严重、产研"两张皮现象"严重、数字产业发展不平衡等问题,制约了数字产业和经济的协同发展。针对这些问题,粤港澳三地积极探索多主体之间协同治理、多元治理,实现跨域治理。通过政策协同,扫除数字产业协同制度障碍;通过全要素协同,破解经济融合发展的底层问题,从而构建粤港澳大湾区数字产业一体化发展路径,深化数字产业的发展定位与协同布局,打造数字湾区。

附件五：案例分析《强化科技支撑，共建高品质科创空间——成渝共建西部科学城成效分析》

党的十八大以来，国家从战略层面在北京、上海、合肥及深圳部署了四大综合性国家科学中心，力图使我国的创新能力从跟跑者向并行者、部分领域向领跑者迈进，撬动全球科技版图变化。从布局中可以看出，这四大综合性国家科学中心均地处东部和中部地区，代表了中国科技的最高水平。然而，整个西部地区还没有一个综合性国家科学中心，这与其经济和政治的重要地位不相匹配。学者周跃辉提出借助成渝地区双城经济圈建设的国家战略，整合现有的科技资源，通过政策创新和布局优化，打造西部科学城，并力争成为第五个综合性国家科学中心，将成为成渝地区发展的重大抉择[①]。

打造西部科学城应立足成渝地区现有的创新资源优势和城市发展战略，辐射并带动整个西部地区的科技水平跃迁，从而真正实现国家的战略意图和时代使命，并为中国在全球新一轮的科技和产业革命竞争中，做出应有的贡献。成渝地区以建设成渝地区双城经济圈国家战略为抓手，分步推进西部科学城建设，

---

① 周跃辉.国家战略视野下的西部科学城[N].成都日报，2020-06-10.

并取得显著成效。

2020年1月3日,中央财经委员会第六次会议指出要支持成渝两地以"一城多园"模式合作共建西部科学城,建设具有全国影响力的科技创新中心。2020年4月,重庆市科学技术局与四川省科学技术厅签署《进一步深化川渝科技创新合作 增强协同创新发展能力 共建具有全国影响力的科技创新中心框架协议》。这份协议明确双方将以"一城多园"模式合作共建西部科学城。2021年5月27日,重庆市与四川省共建具有全国影响力的科技创新中心2021年重大项目集中开工。本次共集中开工40个重大项目,共投资1054.5亿元。其中,西部(重庆)科学城开工项目8个,总投资283.6亿元;重庆两江新区开工项目12个,总投资243.7亿元;西部(成都)科学城开工项目11个,总投资422.2亿元;中国(绵阳)科技城开工项目9个,总投资105亿元。这些项目的开工建设,标志着川渝两地共建具有全国影响力的科技创新中心迈出新步伐[1]。

成渝地区以西部科学城为载体,强化科技创新协同推进机制、人才吸引及资金投入支撑,合力打造覆盖成渝地区双城经济圈的创新生态圈。同时,两地立足自身优势和城市发展战略,统筹两地重点区域,以西部(成都)科学城和西部(重庆)科学城为载体,积极融入"一区两群"协调发展,加强两地对接联动,整合周边高端资源要素,使创新成为成渝地区高质量发展的强大动能。

---

[1] 共建具有全国影响力的科技创新中心[J].当代党员,2021(12):2.

一、西部(成都)科学城建设现状

西部(成都)科学城立足成都创新资源优势和城市发展战略,统筹四川天府新区、成都高新区、成都东部新区等重点区域,构建起以天府新区科学城为核心,天府国际生物城、东部高新区未来科技城、高新区新经济活力区、新一代信息技术创新基地为主体的"一核四区"空间功能布局,总规划面积达394.2平方公里。

西部(成都)科学城"一核四区"功能定位各具特色,并错位发展网络安全、航空航天、生命科学、5G通信与人工智能等关键技术领域。"一核"为成都科学城,规划面积132平方公里,锚定综合性国家科学中心核心承载区的定位,集中布局重大科技基础设施集群、高能级实验室集群、校院地协同创新平台集群和产业创新平台集群,围绕原始创新集群开展前沿科学研究、关键技术攻关和科技成果转移转化,打造国家科技创新体系的重要基础平台。"四区"包括位于高新南区的新经济活力区、高新区与双流区共建的天府国际生物城、东部新区的成都未来科技城、高新西区的新一代信息技术创新基地。总体上,成都科学城是西部(成都)科学城的大脑和神经中枢,偏重的是基础性研究;"四区"主要是布局具体的科技产业,侧重的是应用转化。

西部(成都)科学城功能定位

功能布局	功能定位	重点发展方向
成都科学城	西部地区重大科技基础设施、科研院所和大学创新平台汇集区	主要围绕网络安全、航空航天、生命科学等领域,创建综合性国家科学中心,建设天府实验室和国际技术转移中心
新经济活力区	新经济企业和创新型团队汇集区	围绕5G通信与人工智能、网络视听与数字文创、大数据与网络安全等新经济新产业,建成国家数字经济创新发展试验区、国家新一代人工智能创新发展试验区,打造具有全球影响力的新经济策源地
天府国际生物城	全球医药健康创新创业要素汇集区	重点围绕生物技术药物、高性能医疗器械、精准医疗等领域,建设重大新药创制国家科技重大专项成果转移转化试点示范基地等平台,打造世界级生物产业创新与智造之都
成都未来科技城	国际创新型大学和创新型企业汇集区	重点围绕智能制造、航空航天等领域,建设国际合作教育园区,打造国际一流应用性科学中心,中国西部智造示范区和成渝国际科教城
新一代信息技术创新基地	全球电子信息产业高端要素汇集区	重点发展集成电路、新型显示、智能终端等领域,集聚华为成都研究院、京东方创新中心等重大创新平台,打造国际知名的中国新硅谷

成都科学城作为西部(成都)科学城的创新极核,截至目前,以综合性国家科学中心建设为牵引,统筹布局Z箍缩驱动混合

能源装置等重大科技基础设施5个、宇宙线物理研究与探测技术研发平台等交叉研究平台6个,精准落地中科曙光先进微处理器技术国家工程实验室等科技创新基地16个、空间轻型高分辨率光学成像相机系统研制平台等科教基础设施4个,引聚中科系、中核系、中物系等国家级科研院所20余家,引育清华四川能源互联网研究院等校院地协同创新平台43个,已成为西部地区创新资源高度汇聚、经济动能持续增强、产城融合不断深化的科技创新高地。

二、西部(重庆)科学城建设现状

2020年5月17日,《中共中央、国务院关于新时代推进西部大开发形成新格局的指导意见》指出,不断提升创新发展能力,打造区域创新高地。2020年9月11日,西部(重庆)科学城建设动员大会召开,标志着重庆正式拉开大发展、大创新的帷幕。西部(重庆)科学城坐落于重庆中心城区西部槽谷,中梁山、缙云山东西并行,长江、嘉陵江南北合抱,规划区域范围1198平方公里,涉及北碚、沙坪坝、九龙坡、江津、璧山5个区;以"科学之城、创新高地"为总体定位,发展目标是将自身建设为具有全国影响力的科技创新中心核心区,引领区域创新发展的综合性国家科学中心,推动成渝地区双城经济圈建设的高质量发展新引擎,链接全球创新网络的改革开放先行区,人与自然和谐共生的高品质生活宜居区。

当前,在成渝地区双城经济圈加快建设的背景下,重庆举全市之力、集全市之智,高标准高起点建设西部(重庆)科学城,打造具有全国影响力的科技创新中心核心区。2020年7月,西部(重庆)科学城在全国率先推出"三评合一"环评审批制度改革,为优化提升营商环境提供了重要政策支持;2020年11月,重庆市政府印发《重庆市金融支持西部(重庆)科学城建设若干措施》,从集聚创投资本、提升直接融资能力、加强信贷资源配置、引导金融机构聚集、打造金融综合服务平台、加快金融科技发展、完善保障支持体系7个方面,提出措施20条,助力西部(重庆)科学城建设;2021年3月,发布"金凤凰"政策,针对人才引育、科技创新、产业发展、金融支持等领域推出政策"组合拳",为西部(重庆)科学城建设提供丰富的人才资源和多样化产业基础。在一系列政策支持下,西部(重庆)科学城建设取得了显著成果。

```
┌─────────────────────────────┐
│   西部(重庆)科学城建设时间轴   │
└─────────────────────────────┘
              ↓
┌─────────────────────────────────────────────────────────────┐
│ 2020年4月3日                                                  │
│ 2020年重庆市首轮新基建项目在西部(重庆)科学城光大人工智能产业基地开工 │
└─────────────────────────────────────────────────────────────┘
              ↓
┌─────────────────────────────────────────────────────────────┐
│ 2020年7月1日                                                  │
│ 西部(重庆)科学城推出"三评合一"环评审批制度改革举措               │
└─────────────────────────────────────────────────────────────┘
              ↓
┌─────────────────────────────────────────────────────────────┐
│ 2020年9月11日                                                 │
│ 西部(重庆)科学城建设动员大会召开,科学大道、科学谷等79个重大项目集中 │
│ 开工,总投资1300亿元                                            │
└─────────────────────────────────────────────────────────────┘
              ↓
┌─────────────────────────────────────────────────────────────┐
│ 2020年9月16日                                                 │
│ 西部(重庆)科学城国土空间规划发布                                │
└─────────────────────────────────────────────────────────────┘
              ↓
┌─────────────────────────────────────────────────────────────┐
│ 2020年11月18日                                                │
│ 重庆市人民政府印发《重庆市金融支持西部(重庆)科学城建设若干措施》   │
└─────────────────────────────────────────────────────────────┘
              ↓
┌─────────────────────────────────────────────────────────────┐
│ 2021年2月3日                                                  │
│ 西部(重庆)科学城创新推出"交地即领证"。科学谷成为重庆首个"交地即领证"项目 │
└─────────────────────────────────────────────────────────────┘
              ↓
┌─────────────────────────────────────────────────────────────┐
│ 2021年2月5日                                                  │
│ 西部(重庆)科学城2021年工作会暨"项目建设年"动员大会召开,西部(重庆)科学 │
│ 城开启项目建设年                                                │
└─────────────────────────────────────────────────────────────┘
              ↓
┌─────────────────────────────────────────────────────────────┐
│ 2021年3月5日                                                  │
│ 西部(重庆)科学城正式发布"金凤凰"政策,主要针对人才引育、科技创新、   │
│ 产业发展、金融支持四个领域推出政策"组合拳"                        │
└─────────────────────────────────────────────────────────────┘
              ↓
┌─────────────────────────────────────────────────────────────┐
│ 2021年4月15日                                                 │
│ 西部(重庆)科学城举行2021年重点项目集中开工暨中电重庆软件园开工活动, │
│ 107个重点项目集中开工                                           │
└─────────────────────────────────────────────────────────────┘
              ↓
┌─────────────────────────────────────────────────────────────┐
│ 2021年5月17日                                                 │
│ 西部(重庆)科学城党工委、管委会正式授牌,这标志着科学城建设进入新阶段 │
└─────────────────────────────────────────────────────────────┘
              ↓
┌─────────────────────────────────────────────────────────────┐
│ 2021年5月27日                                                 │
│ 重庆首个大科学装置——超瞬态实验装置项目等8个重大项目在西部(重庆) │
│ 科学城集中开工,总投资达283.6亿元                                │
└─────────────────────────────────────────────────────────────┘
```

西部(重庆)科学城建设时间轴

目前,西部(重庆)科学城拥有国家自主创新示范区、自贸试验区、国家级高新区、西永综保区等多块"金字招牌",汇集了重庆大学等本专科院校28所、市级以上研发平台169个、西永微电子工业园等产业园区14个。从产业发展现状看,西部(重庆)科学城已形成新一代信息技术千亿级、先进制造500亿级、大健康和高技术服务2个百亿级产业集群。据统计,2020年1—7月,实现规模以上工业总产值超2000亿元,其中集成电路产值超100亿元,占全市比重超80%。同年1—8月,新签约中国电子等项目59个、投资额735.6亿元,其中科创项目占比超80%,百亿级项目2个、10亿级项目15个[①]。

三、小结

建设西部科学城是根据成渝地区双城经济圈建设总体要求,川渝两地积极谋划科技创新合作的平台。在成渝地区双城经济圈建设机遇下,成渝两地以"一城多园"模式合作共建西部科学城,争取国家布局更多大科学装置、重大创新基地平台,以实现两地优势互补、功能共享,增强协同创新发展能力,打造具有全国影响力的科技创新中心,构建创新动力源带动川渝转型发展。围绕联合争取国家支持、共同推进成渝地区区域协同创

---

① 本刊编辑部.西部(重庆)科学城:科学家的家 创业者的城[J].当代党员,2020(19):8-12.

新共同体建设、大力推进成渝地区开展关键核心技术联合攻关、大力推动成渝地区科技成果转化和产业化、深化成渝地区国际科技合作交流、共同推进毗邻地区创新发展、持续优化成渝地区科技创新环境等七个方面,深化科技创新合作,推动形成区域科技创新平台共建、资源共享、项目共促、政策共通、成果共享局面,加快建设具有全国影响力的科技创新中心。

附件六:案例分析《共建内陆开放新高地——中欧班列(成渝)建设现状分析》

重庆和成都在物流领域的合作,一直是成渝地区双城经济圈建设的重点。过去,重庆和成都的中欧班列,无论在开行数量,还是货值上,都是全国众多中欧班列中的"领头羊"。在成渝地区双城经济圈建设如火如荼的大环境下,2021年1月,成都和重庆联手推出中欧班列(成渝)这个新品牌,并将其合力打造为全国中欧班列中的"第一品牌",为推动成渝地区双城经济圈建设,推动全国中欧班列高质量发展,进一步发挥中欧班列在"一带一路"中的载体作用,提供了充足的动力支撑。

一、中欧班列(成渝)建设现状

中欧班列拥有西通道、东通道、中通道和南通道，我国已有超过60个城市开通了中欧班列。其中，西部通道从我国中西部地区出发经阿拉山口(霍尔果斯)出境，最终到达欧洲。重庆市与成都市就位于中欧班列的西通道上。2020年11月，重庆与四川及成都就中欧班列共商共建共享达成一致意见，在统一品牌、定价机制、整合资源、提升服务、降低成本等方面开展深度合作。通过通道带物流、物流带贸易、贸易带产业，延展全球供应链前后端服务，依托成渝两地综保区及铁路口岸等开放平台，加速促进两地通道与物流、贸易、产业的融合发展。

(一)强强联手打造全国中欧班列"第一品牌"

自中欧班列开行，成渝两地累计开行量超1.8万列，实现进出口贸易额超7000亿元，成为全国开行量最多、开行最均衡、运输货值最高、货源结构最优、区域合作最广泛、运输最稳定的中欧班列，为成渝两地将中欧班列(成渝)打造成为全国中欧班列"第一品牌"奠定了合作基础。2021年1月1日，两地首列中欧班列(成渝)号列车同时出发，这不仅翻开了中欧班列发展新篇章，也为成渝地区双城经济圈建设注入了新动力。成渝在中欧班列强强联手后，优势更加突出，极大提升了中欧班列开行的综合实力，在共享境外供应商、降低成本等方面具有显著优势，对打造成渝合作新品牌奠定了合作基础。更为重要的是，成都和重庆的中欧班列实现了价格统一，由原来单纯的竞争关系转变为良性竞争的合作关系，为成渝地区双城经济圈建设提供了动力支撑。

2021年1月1日以来，中欧班列（成渝）号实现逆势大幅度增长。截至2022年2月，已累计开行超4800列，占全国比例超30%，运输箱量超40万标箱，开行的线路已覆盖欧洲近百余座城市，辐射"一带一路"沿线国家和地区，初步形成了辐射欧亚、串联东盟、多向互联的国际流通体系。此外，为解决沿线持续拥堵的问题，中欧班列（成渝）积极主动作为，通过积极挖掘回程货源、打造境外调箱循环等方式，实现回程运输箱量超20万标箱，居全国中欧班列首位，班列去回程基本实现平衡。目前，全国中欧班列去回比例约5∶4，中欧班列（成渝）回程占比达到55%，贡献了全国中欧班列回程箱量的36%，促进了全国中欧班列集装箱循环，推动了班列高质量发展。

（二）建圈强链打造外向型产业集聚地

成渝地区开行国际班列是为了满足区域内电子制造业出口的需要。中欧班列的开行打破了成渝地区不靠海、不沿边的劣势，改变了传统的运输方式，提高了运输效率，也使成渝地区能更加便捷地参与国际产业分工，融入全球产业链。两港深度融合，在中西部地区形成了一个跨境班列的内陆开放极。中欧班列（成渝）的运行，为更加开放的产业构想奠定了基础。成渝两地坚持通道带动经贸、产业发展,依托中欧班列运输优势和品牌效应,打造外向型产业集聚地。

2021年,成渝两地铁路口岸周边引进各类项目总投资近1500亿元。成都引进顺丰、厦门建发、中国储运等供应链管理企业,打造"一带一路"供应链配置中心;香港玉湖、厦门象屿、盒马鲜生等国际贸易龙头企业落户成都青白江港区,构建多功能国际贸易综合服务平台;TCL、佩南顿等加工贸易项目落户综保区,集聚出口型先进制造业。重庆引进中特物流华贸多式联运运营中心、浩航国际等多式联运头部物流项目;落地奥迪分拨中心、中通冷链、国通智慧冷链产业园等重点项目;民生电商重庆金融物流园、安博重庆西部国际物流中心等项目建成投运,成功培育首家上市企业三羊马(重庆)物流股份有限公司。

二、中欧班列(成渝)合作基础

(一)政策支撑有力

2020年7月,重庆、成都获批首批全国中欧班列集结中心示范工程建设节点城市,将打造一批具有较强国际影响力的现代物流枢纽,以促进班列开行由"点对点"向"枢纽对枢纽"转变,加快形成"干支结合、枢纽集散"的高效集疏运体系。同年10月,重庆成为全国批复的唯一兼有陆港型、港口型国家物流枢纽的承载城市。四川省获批陆港型国家物流枢纽。这有利于集中对接中欧班列干线运力资源,加强分散货源组织,为构建"通道+枢纽+网络"的现代物流体系提供有力支撑。2020年1月3日,中央财经委员会第六次会议提出要推动成渝地区双城经济圈建设,为成渝两地深化合作、打造全国中欧班列"第一品牌"提供了契机。

(二)通道优势互补

重庆市是我国西部地区唯一的一个直辖市,也是中欧班列的领头羊、全国中欧班列的先行探索者。目前,已形成30余条成熟运行线路,辐射亚欧26个国家40余个城市。此外,依托中欧班列(渝新欧)的开通与快速发展,重庆已由"内陆腹地"跃升为国家对外开放的前沿阵地[①]。在全国已开通的中欧班列中,成都区位优势尤为凸显。中欧班列(蓉欧快铁)是中欧班列中始发地距离欧洲最近的一条线路,实行"一单到底制",中途无需更换运单,只需换轨。这样一来,大大提高了运输效率,也精简了运输手续。中欧班列(成渝)开行以来,成渝两地破除行政辖区壁垒,充分发挥两地通道优势,开启了国际铁路运输史新篇章,为中欧贸易焕发新机提供了助力。

---

① 贺煜,唐纲.中欧班列(渝新欧)十年奔驰"新丝路"[J].重庆与世界,2021(5):14-15.

(三)品牌竞争力强

中欧班列(成渝)品牌的综合竞争力一直位居全国前列,早在中欧班列(成渝)号开行之前,中欧班列(渝新欧)与中欧班列(蓉欧快铁)的累计开行量在全国的比重便占了近50%。仅中欧班列(渝新欧)2020年开行重箱折算列2603班,同比增长超70%,位居西南第一、全国第二;运输箱量超22万标箱,同比增长超65%。中欧班列(蓉欧快铁)自开行以来,已经构建了7条国际铁路通道和5条海铁联运通道。目前,成渝两地通过携手合作,打造中欧班列(成渝)号新品牌,将加快推动中欧班列高质量及可持续发展,深化与欧洲的贸易往来,为成渝地区双城经济圈建设、构建国内国际双循环发展格局注入新动能。

三、中欧班列(成渝)成功路径

第一,共同以中欧班列(成渝)为品牌,在宣传、打造、推广方面形成合力,将其打造成为全国中欧班列"第一品牌",提高国际影响力。为此,成渝两地积极推动延伸服务、优化布局、升级发展,保障外贸产业链供应链稳定畅通,进一步打造中欧班列(成渝)号品牌。目前,就中欧班列(成渝)号合作的近期目标,成渝双方在"统一品牌"方面已达成一致意见。下一步,两地将进一步按照近、中、远"三步走"的发展思路,深度推进中欧班列(成渝)号在品牌推广、提高服务、降低成本、探索标准、合资经营等方面的全面合作。

第二,探索高效的运行机制,如建立统一的价格联盟,通过共商共议,实现线路、场站、口岸、集装箱等资源共享,创新开展行业标准化建设等。相较于中欧班列(渝新欧)、中欧班列(蓉欧快铁),中欧班列(成渝)号将具备更强的竞争力。一方面,通过双机互联,将成渝两地的物流资源、运营团队进行整合,实现线路优势互补、信息资源及时共享。另一方面,货源组织能力、通关效率、在途时效都将随之获得跃升,将具备更强大的议价能力和抗风险能力,从而持续推动班列提质、降本、增效,实现高质量发展。

第三,围绕"通道带物流、物流带经贸、经贸带产业"的理念,在中欧班列全面合作的基础上,深化多个通道的合作,扩大川渝两地国际物流大通道的影响力和品牌力,促进两地通道与物流、贸易、产业的融合发展。首先,中欧班列(成渝)号积极开拓跨境电商运输业务。2021年,在商务部、海关总署等部门的大力支持下,中欧班列(成渝)号成功开通了全国首趟跨境电商B2B出口专列,开辟了跨境电商等外贸货物出口的新路径,全年累计发送跨境电商货物超7000标箱。其次,积极开展区域合作,拓展朋友圈。中欧班列(成渝)号陆续与威海、厦门、襄阳等地开展相关合作,并不断加深巩固。同时,携手贵州开启成渝黔区域合作新征程。最后,中欧班列(成渝)号与本地外向型产业结合度尤为密切,自开行以来,相继招引博世、保时捷、宝马、盒马、达能、LG、康佳、玉湖等百亿级分拨中心项目落地,2021年带动进出口贸易额超3000亿元人民币[①]。同时,还满足了成渝两地电子信息、汽车整车、智能家电、生物医药、跨境电商产业、大数据、家电生产、机器人及智能装备、高端交通装备等产业对高效、优质国际供应链的精准需求。

四、小结

依托中欧班列(成渝),成都和重庆中欧班列在拓线路、建通道、线路版图日益扩大。2021年,成都中欧班列累计新增俄罗斯圣彼得堡、荷兰阿姆斯特丹、英国费利克斯托、波兰格但斯克、德国罗斯托克、英国伊明汉姆等11个站点,有效扩大了中欧班列海外布局范围。新形势下,成渝两地要抢抓新机遇、开启双核效应,深度参与全球市场的经贸往来和国际经济合作,提升供应链及市场要素资源整合能力,让国际班列在西部内陆对外开放中发挥更大作用。

---

① 马斌.中欧班列的发展现状、问题与应对[J].国际问题研究,2018(6):72-86.